Montaignes Turm
Essays

Uwe Timm

Montaignes Turm

Essays

Kiepenheuer
& Witsch

Die Stummheit der Tiere
hat als Spur in uns überdauert.

– George Steiner –

Montaignes Turm

Die Vorstellung von der Bibliothek als einem Speicher ist nicht nur mir, dem Hamburger, vertraut, Säcke und Kisten werden ja auch in Regalen verwahrt. Allerdings gibt es einen entscheidenden Unterschied. Tabak, Stoffe und Teppiche ruhen sich im Speicher ein wenig aus von der rastlosen Warenzirkulation. Bücher hingegen bleiben in der Bibliothek und verlieren hier ihren Warencharakter. Sie sollen der Öffentlichkeit und der Forschung zugänglich sein. Lediglich der Bibliotheksgroschen erinnert von fern noch an die Ware Buch. Auch der entfällt in einer privaten Bibliothek, die ein Gedächtnis- und Wissensspeicher individueller Interessen und Neigungen ist. Eine der ersten privaten Bibliotheken gehörte einem Mann, der intensiv und vielfältig über Individualität nachgedacht und geschrieben hat, Michel de Montaigne.

Im dritten Buch der *Essais* hat er seine Bibliothek recht genau beschrieben: *Meine Bücherei liegt im dritten Stockwerk eines Turms. Der erste Stock ist meine Kapelle; eine Treppe hoch ein Schlafgemach mit seinem Nebenraum, wo ich mich niederlege, um allein zu sein. Darüber lag eine große dazugehörige Kleiderkammer. Sie war in vorigen Zeiten der un-*

genützteste Raum meines Hauses. Hier bringe ich die meisten Tage meines Lebens und die meisten Stunden des Tages zu. (...) Das Zimmer ist rund, außer einem geraden Stück Wand, gerade lang genug für meinen Tisch und meinen Stuhl, und bietet mir, wenn ich mich umdrehe, mit einem Blick alle meine Bücher dar, die rundum in fünf Reihen übereinander aufgestellt sind. Es hat drei Fenster mit schöner und freier Aussicht und misst sechzehn Schritt im Durchmesser. Im Winter halte ich mich nicht so dauernd darin auf: Denn mein Haus liegt, wie sein Name sagt, auf einem Hügel, und es ist darin kein windigerer Raum als dieses Turmzimmer; doch gefällt es mir, dass es ein wenig beschwerlich und abgelegen ist, sowohl der Zuträglichkeit des Erkletterns wegen wie, um mir die Menge der Besucher vom Leibe zu halten. Hier ist meine Stätte.

Als ich diese Bibliothek betrat, in der heute seine Bücher fehlen, war der erste Eindruck: Abgrenzung, Geborgenheit, ja der Raum hatte etwas Höhlenhaftes, was sich erst mit dem Blick aus einem der drei nicht besonders großen Fenster in die Ferne änderte. Der Raum schien das zu verbinden, was die beiden idealtypischen Formen einer entschiedenen Abgrenzung zur Welt sind: Turm und Höhle. Wer welche Form bevorzugt, hängt wohl von fernen kindlichen Erfahrungen und Wünschen ab. Ein guter Freund, Mathematiker, sitzt in seinem wunderbaren Haus unten im Keller in einem kleinen Raum und geht seiner Arbeit nach. Er könnte durchaus in der Dachetage mit Blick über Gärten und andere Wohnhäuser seinen Schreibtisch aufbauen. Unbeirrt verbringt er seine Tage in diesem dunklen Raum mit der Aussicht auf die Grassoden vor dem Kellerfenster. Mein Kinderwunsch waren Baumhütten, waren Türme, und ein schöner Zufall brachte es mit sich, dass ich meinen Arbeitsraum in einem Turmzimmer gefunden habe, fast rechteckig, das sich nach zwei Seiten mit jeweils zwei Fenstern öffnet und nach Westen den Blick über den Englischen Garten erlaubt. Spärlich möbliert, ein Schreibtisch, ein Stuhl, ein Lesesessel und im Rücken eine ausgewählte Bibliothek: Nachschlagewerke, darunter das Wörterbuch der Brüder Grimm, Bücher, die mit der augenblicklichen Arbeit zusammenhängen, und einige Werke, recht unterschiedliche, in die ich immer wieder hineinblättere, Goethe, Kleist, Hölderlin, Ovid, Homer, Gottfried Benn, Plato und die Bibel. Ein Raum, der beides erlaubt, die Abgeschlossenheit und die Konzentration, und dennoch die Möglichkeit bietet, in die Welt hinauszuschauen. Hin und wieder lasse ich mich stören, blicke hinunter, weil Rufe und Stimmen laut werden. Es ist eine ruhige, wenig befahrene Straße. Ich stehe am Fenster und denke, seit ich den Turm von Montaigne gesehen habe, dass er vermutlich ebenfalls aus einem seiner drei Turmfenster hinausblickte, um nach den Schweinen, Pferden oder Gänsen zu sehen, die vorbeigetrieben wurden.

Ich beteure, dass ich mich nicht mit Montaigne vergleichen will, es gibt lediglich eine strukturelle Ähnlichkeit seines Arbeitszimmers mit dem meinen. Die Höhle, das Gehäuse ist ja eher Fluchtort, ein Verbergen, eine defensive Zurückgezogenheit, begleitet von einer fernen atavistischen Furcht, der Feind könnte unbemerkt eindringen. Anders die Höhe, auf Bäume steigen kann zumindest der Säbelzahntiger nicht, wäre sogar von oben zu bekämpfen, wohl auch zu erlegen. Der Turm hat eine kriegerische Herkunft, ist nicht nur Rückzugsort, sondern auch für den Ausfall geeignet. Er wurde an die Stellen in der Wehrmauer gesetzt, die an gefährdeten Knicks oder Kanten der Fortifikation lagen, oder auch dort, wo Ein- und Ausgänge zusätzlich geschützt werden mussten. Und als Bergfried ist er Ausblicks- und letzter Rückzugsort.

Montaigne hat in der Zeit der Religionskriege die Anlage seines Schlosses vorsätzlich nicht verstärken lassen. Er wollte nicht die unterschiedlichen durch das Land streifenden Parteien des Bürgerkriegs zum Angriff reizen. Es hätte dem Feind keinen Ruhm, keine Ehre gebracht, einen derart *offenen* Besitz – Montaigne beschreibt ihn ironisch als *meinen Miststock* – anzugreifen und zu erobern.

Seine Bibliothek im Turm ist, das war beim Betreten mein erster Eindruck, eine Verbindung von beidem: von Höhle und wehrhaftem Ausblick. Es ist diese massiv runde Abgrenzung vom Außen, die Ruhe und Sicherheit verspricht. Hier ist eine geschützte Einkehr möglich. Einkehr in sich. Und zu dieser Einkehr, die bei Montaigne ja nicht nur meditativ ist, gehört gleichermaßen der Blick nach außen. Zunächst richtet er sich auf die Hofhaltung, auf dieses feudale, an ein kleines Königstum erinnernde Schloss mit seinen Stallungen, Scheunen, Wiesen und Weinbergen. Der Blick des Türmers geht jedoch noch weiter, richtet sich auf die Gegenwart mit ihren Kriegsgräueln. 1572 beginnt Montaigne, es ist das Jahr der Bartholomäusnacht, mit der Niederschrift des ersten Buches der *Essais*. Der Türmer blickt in die Vergangenheit, in die für ihn vorbildliche griechisch-römische Klassik und in die imaginäre Welt der Literatur. Hier, im Turm, wird gedacht, gelesen, geschrieben. *Die Einsamkeit des Orts lässt mich vielmehr, um die Wahrheit zu sagen, mich zerstreuen und in die Ferne schweifen …*

Auch das fiel mir beim Betreten des Turmes auf, die Decke ist nicht hoch, mit der Hand zu berühren, aber die Fläche des Raumes ist recht groß, was für den bewegungshungrigen Montaigne wichtig war: *Meine Gedanken schlafen ein, wenn ich sitze. Mein Geist geht nicht voran, wenn ich nicht meine Beine in Bewegung setze.*

Gibt es eine Homologie zwischen diesem runden Turmraum und Montaignes Texten? Die *Essais* sind nicht systematisch auf eine Erkenntnisfindung ausgerichtet, sondern assoziativ, kreisend, fallen sich oft widersprechend ins Wort, ein gedankliches Schweifen durch die Buntheit der Welt, auch durch die der Lektüre, eine suchende registrierende Bewegung, die letztendlich immer wieder zurückführt in den Turm, wo all die Überlegungen und Gedanken dann zu sich kommen. Der fragende, sich selbst befragende Türmer Montaigne. Wie beispielsweise in dem Essai *Von der Freundschaft*, in dem er, wie immer vom Hölzchen aufs Stöckchen kommend, über den freien Willen nachdenkt und ihn mit der Partnerwahl verbindet, mit Güter- und Erbschaftsteilungen unter Brüdern – hier wäre der Blick Montaignes aus einem der drei Fenster denkbar –, wo er die beständige Freundschaft in Gegensatz zur Neigung zu Frauen setzt und das durch ein Zitat Catulls belegt: neque enim est dea nescia nostri / Que dulcem curis miscet amaritiem. (Denn auch uns nicht unbekannt ist die Göttin, die süße Bitterkeit in ihren Kummer mischt.) Wir dürfen uns Montaigne in Catulls *Carmina* blätternd vorstellen, und er schreibt über Mode, Konvention, Esskultur, Religion, Hass, Eifersucht und Beischlafvorlieben *zu Bett lieber die Schönheit als die Güte; zum geselligen Gespräch lieber die Schlagfertigkeit, sogar ohne Biedersinn.* Montaigne hat die ihn gedanklich leitenden lateinischen und griechischen Zitate in die Deckenbalken seiner Bibliothek einbrennen lassen. So werden sie sichtbar als Verstrebung seines durch Zweifel bestimmten Denkens. *Gegen jeden Grund richtet sich ein gleichwertiger Grund.* Ein Satz von Sextus Empiricus, von dem allein zehn der siebenundfünfzig Zitate stammen.

Etwa 1000 Bücher lagen, denn sie waren wie damals üblich aufeinandergestapelt, in fünf um die Wände laufenden Regalen. Die meisten hatte er von seinem früh verstorbenen Freund La Boëtie geerbt. Ein Vermächtnis, das seinen Blick nicht nur auf eine geistige Welt, sondern auch auf den Tod lenkt, jene unüberblickbare Mauer. Um das Sterben und den Tod als Auslöschung der Individualität kreist das Denken von Montaigne. Warum und wie sterben wir? Und was ist der Tod? Das sind die ihn bewegenden Fragen, sie sind der Grund für alle anderen Fragen. In diesem abgründigen Blick liegt etwas heroisch Vergebliches. Der Turm kann den Tod nicht abwehren und nicht einmal die Zeit. *Ich fühle den Tod mir beständig an der Kehle oder im Nacken sitzen. Doch ich bin anders geschaffen: Er ist mir überall ein Ding. Wenn ich indessen zu wählen hätte, so glaube ich, ich stürbe lieber zu Pferd als in meinem Bett, außer meinem Haus und fern von den Meinen. Es ist mehr Herzeleid als Trost im Abschiednehmen von seinen Freunden.* Es war dieses Herzeleid, das ihn beim Tod seines Freundes La Boëtie überwältigte. Was über dessen Tod und auch über die Lebenszeit des Bibliothekbesitzers und Schreibers Montaigne hinausreichen wird, sind die Bücher. Sie stammen von Toten und aus ihnen sprechen Tote. Wer sie in der Bibliothek des Turms ergriffen hat, der erfüllte sie lesend mit Leben, zugleich aber raubten sie dem Lesenden etwas von seiner Lebenszeit. Und so trieben die Bücher nicht nur in diesem Turm ihr vampirhaftes Wesen, sondern tun es in jeder Bibliothek, so modern verglast und lichtdurchflutet sie auch sein mag.

Allerdings verlieren der Turm und das Gehäuse in unserer Zeit an Bedeutung und mit ihnen auch die dort auf den Leser wartenden Bücher: In Zukunft, auf elektronische Dateien geschrumpft, wird man sie zu Tausenden mit sich herumtragen können, buchstäblich in der Tasche, zum beliebigen Zugriff auf alles und jedes. Das hat seinen Preis: den Verlust jener sinnlich sinnhaften Spuren, die dem Papier und dem Buch anhaften, und auch den Verlust der Aura der sie bewahrenden Räume. Wer weiß, vielleicht werden die Bibliotheken in nicht zu ferner Zukunft zu musealen Orten – wie heute schon der Turm Montaignes.

Der Lichtspalt unter der Zimmertür

Das Buch ist in rotes Leinen gebunden, trägt die inzwischen fast verschwundene Goldprägung *Grimms Märchen* und zeigt zwei Riesen, die über Tannen hinweg auf einen kleinen lesenden Wanderer herabblicken. Die Widmung lautet: *Meinem lieben kleinen Uwe. Weihnachten 1944.* Ein Geschenk des Vaters, das mich durch meine Kindheit begleitet hat, vorgelesen von meiner Mutter, so wie es der Namensvetter der Brüder Grimm, Albert Ludwig Grimm, ebenfalls ein Märchenforscher, verlangte: *Besonders seyen diese Blätter geweyeht, Ihr Mütter! Besonders dir, glückliche Mutter acht blühender Kinder, die du in mütterlicher Brust noch rein bewahrest ein Herz aus den Tagen der goldenen Kindheit.*

Und es sei hier gleich gesagt, sie lassen sich auch heute noch, und nicht nur von Müttern, gut vorlesen, in ihrer ruhigen Parataxe, in dem Wechsel von Beschreibung und wörtlicher Rede, den sinnfälligen Wortwiederholungen, von Lautmalerei und Sprachspielen und der Sprachmagie so eingängiger Reime wie: *Bäumchen, rüttel dich und schüttel dich, wirf Gold und Silber über mich.*

Die von Wilhelm Grimm geformte Sprache ist –

weil so wortreich – flexibel, kunstvoll und bleibt doch dem mündlichen Erzählton nahe. Wobei wir wissen, dass dieser nicht dem Volke direkt vom Maul abgeschaut wurde. Die Zuträger der Märchen kamen aus dem Bürgertum, einige entstammten französischen Emigrantenfamilien. Aber Jacob und insbesondere Wilhelm Grimm haben durch die Auswahl und das Aufschreiben des mündlich Erzählten diesen besonderen Ton geprägt, der auch für den Vorleser, was jede Generation wieder an sich selbst feststellen kann, durchaus lustvoll ist.

Die Lektüresituation heute ist, das darf ich als Vorleser, der einmal Zuhörer war, sagen, eine ganz andere als 1945. Was damals mir, dem Kind, erzählt wurde, verharrte nicht in gleichnishafter Ferne, in sicherer Distanz zur Wirklichkeit, wie dieses *Es war einmal*, was das Märchenhafte ausmacht, sondern es war nahe, fast eine Beschreibung der Wirklichkeit.

Zu den ersten Eindrücken des Kindes gehörte, wie es in nasse Tücher gehüllt im Kinderwagen durch die Straßen Hamburgs geschoben wurde, deren Häuser brannten, in der Luft kleine Flammen, die, das wurde dem Kind später erklärt, die brennenden Fetzen der aus den Fenstern herausgerissenen Gardinen waren. Links und rechts standen Bäume und loderten wie riesige Fackeln. In Decken gehüllte Wesen mit schwarzen Rüsseln und übergroßen Augen hasteten vorbei.

Das Haus war abgebrannt, Mutter und Kind wurden nach Coburg, einer kleinen thüringischen Residenzstadt, evakuiert. Ein abrupter Wechsel von der in drei aufeinanderfolgenden Tagen zerstörten Großstadt in eine intakte, mittelalterlich geprägte Kleinstadt. Eine Stadt, in der sich Lebensformen erhalten hatten, wie sie heute kaum mehr vorstellbar sind. Noch gab es, die meisten Autos waren von der Wehrmacht requiriert, Reiter, Kutschen, Pferdewagen in den Straßen. Der Herzog, 1918 zur Abdankung gezwungen, wohnte mit Prinzen und Prinzessinnen im Schloss Callenberg. Er war, das muss hier erwähnt werden, ein bekennender Nationalsozialist und Inhaber hoher Ämter im Dritten Reich. Einige der Geschäfte, Bäckereien, Schlachtereien, Buchhandlungen, Juweliere, trugen noch das herzogliche Wappen mit dem Hinweis, Hoflieferant gewesen zu sein. In der Stadt mit ihren Fachwerkhäusern arbeiteten die Fassmacher, Tischler, Schmiede, Schuhmacher, Schneider. Man konnte ihnen, wie heute noch im Orient, bei der Arbeit zuschauen. Der Onkel, der uns aufgenommen hatte, wohnte in einem aus dem 16. Jahrhundert stammenden Fachwerkhaus, in dessen kleinem Hof eine Werkstatt lag. In dem Roman *Der Mann auf dem Hochrad* ist dieser Ort beschrieben: *Wir kamen in das verwinkelte Haus von Onkel Schröder, in dem ich mich anfangs immer wieder verlief und nur durch mein kräftiges Schreien wiedergefunden wurde. Später, nach einigen Wochen Eingewöhnung, bot es Verstecke, die den Erwach-*

senen unzugänglich waren, wie jene Nische unter der Holztreppe, die ich nur kriechend durch einen engen, muffig riechenden Gang erreichen konnte. Dort saß ich und hörte das dumme Treppauf-treppab-Tappen der rufenden und suchenden Erwachsenen.

Das Haus war über die Jahrhunderte durch die beständigen An- und Umbauten seiner Bewohner auf eine fast vegetative Weise gewachsen. Es gab keine rechten Winkel und keine Symmetrie. Alles hatte sich in einer langsamen Bewegung von Bewohner zu Bewohner versetzt und verschoben. Die Innenwände waren aus Weidenzweigen geflochten und dann mit Lehm beworfen worden. Nachts, in der Zeit der Stromsperren, waren sie im leicht bewegten Kerzenlicht kleine senkrechte Landschaften mit Tälern und sanften Hügeln, in denen sogar Schätze vergraben lagen. Onkel Franz hatte in den zwanziger Jahren dieses Jahrhunderts zur Erweiterung des Wohnzimmers eine Zimmerwand einreißen lassen. Zwischen den Lehmbrocken fand sich ein kleiner steinharter Lederbeutel, der, nachdem ihn Onkel Franz aufgemeißelt hatte, 30 Goldstücke freigab. Die Goldstücke waren während des Dreißigjährigen Kriegs von den Bewohnern in der Zimmerwand eingemauert worden, weil die Schweden oder die Kaiserlichen oder die Franzosen oder wieder die Schweden ins Haus standen. Was aber war aus den Besitzern der Goldstücke, den Juden, die in dieser Gasse vor dem Stadttor lebten, geworden?

Jedenfalls konnte Onkel Franz zu einer Zeit, als bankrotte Bankiers aus den Bürofenstern ihrer Wolkenkratzer in die Wall Street sprangen und man zum Brotkauf das Papier-

geld im Blockwagen zum Bäcker fahren musste, mit diesen 30 Goldstücken die letzte und höchste Hypothek tilgen.

So hatte sich ihm, wie Onkel Franz sagte, das Haus selbst geschenkt.

Das Merkwürdige, ja Geheimnisvolle an dem Haus war die Werkstatt des Onkels, der, als wir bei ihm aufgenommen worden waren, schon die achtzig überschritten hatte, aber noch immer seinem Handwerk nachging. Ihm wurden tote Tiere gebracht, Vögel, Füchse, Hunde, sodann in die geheimnisvolle Werkstatt, die das Kind nicht betreten durfte, getragen und kamen nach zwei oder drei Tagen wie ins Leben zurückverwandelt wieder heraus. Der Hund saß da, hob die Pfote, die er aber immer hob, nie absetzte; der Bussard saß auf einem Ast, die Schwingen ausgebreitet, bereit zum Abflug, und doch flog er nie ab. Der Onkel, der Präparator war, hatte sie alle in ein Leben-und-doch-nicht-Leben verwandelt. Sie verharrten in einem eigentümlichen Zwischenreich.

Ein solches Zwischenreich ist auch das Märchen, nicht von dieser Welt und doch von ihr. *Und wenn sie nicht gestorben sind, so leben sie noch heute.* Darin liegt das Wissen von der Gefährdung und dem erwartbaren Tod, dem Ende jeder Existenz, und zugleich gegen jede Erfahrung die Hoffnung auf Dauer, auf Überzeitlichkeit. Eine kindliche Naivität, die nicht logisch fragt, sondern wünscht. Die unlogischen Brüche in den Märchen sind geradezu ihr Wesen. Der Wunsch kennt nicht die Logik, sondern nur die Hoffnung: Man möge gesund bleiben, und so reiben die Menschen dem Renaissancelöwen vor der Münchner Residenz die Schnauze, die glänzend poliert ist von all den stummen Wünschen. Denn den Wunsch darf man, damit er wirkt, nicht aussprechen.

Das Märchen kommt von weit her, und in ihm sind viele Bewusstseinsschichten und Erfahrungen abgelagert. Sein Ort ist die Utopie. All dem Erzählen von Gewalt, Ungerechtigkeit, Herabsetzung, Erniedrigung wohnt das Versprechen inne, es werde durch das Wunderbare, oft nur durch einen kleinen Eingriff, die Welt wieder zu-Recht-gerückt. Ein magisches Wort kann die Welt verändern. Darin liegt die Macht und Schönheit der Märchensprache. *Bäumchen, rüttel dich und schüttel dich* – und siehe da, der Schuh passt. Es hilft nichts, wenn sich die Stiefschwestern Zehen und Fersen abhacken, dann heißt es: *Rucke di guck, rucke di guck, / Blut ist im Schuck / der Schuck ist zu klein, / die rechte Braut sitzt noch daheim.* Und am Ende werden den bösen Stiefschwestern von den Tauben zur Strafe die Augen ausgepickt. Gerechtigkeit obsiegt, und das Glück stellt sich ein, jedenfalls für Aschenputtel.

Märchen psychologisieren nicht, sondern typisieren. Die Schwestern sind böse, grundböse, es wird nicht relativiert, kein Versuch gemacht, deren Gehässigkeit zu verstehen. Es gibt den Neid. Die Neugierde.

Die Eifersucht. Es gibt den Hass. Es gibt das Böse. Es gibt Mitleid, Liebe, Hilfsbereitschaft – das Gute. Die Welt ist von Gewalt bestimmt. Und es gibt eine Gegenwelt, die alles wieder zurechtrücken kann. Im Märchen kommen die Grunderfahrungen Angst und Hoffnung in den unterschiedlichsten Abschattungen zum Ausdruck. Das macht die Überzeitlichkeit der Märchen aus.

Die Angst vor dem Verlassenwerden, vor dem Ausgesetztsein, ist eine Urangst jedes Kindes. Das Weinen ist Zeichen dieser Urangst. Der Ruf nach Hilfe und Tröstung. In den Märchen wird oft geweint.

Das Unheimliche von *Hänsel und Gretel,* das nicht zufällig eines der bekanntesten Märchen ist und sich durch mehrmaliges Vorlesen auch meinem Gedächtnis tief eingeprägt hat, ist die Ahnung, ja das Wissen des Kindes, dass es von den Erwachsenen abhängig ist. Das Ausgeliefertsein an die Großen. Ein Bund, der allein durch Liebe und Zuwendung gesichert werden kann. Die Liebe der Eltern, dieses *Du bist gewollt, so wie du bist,* insbesondere der Mutter, ist das Versprechen auf das Aufgehobensein, auf ein Heim, auf ein mögliches Glück. Wo das verweigert wird, wo es fehlt, da stellt sich das *Un-heimliche* ein. Die Kinder, Hänsel und Gretel, die von der Mutter, weil das Brot nicht reicht, in den Wald geführt und ausgesetzt werden. Das Mitleid des – schwachen – Vaters steht der Herzlosigkeit der Mutter entgegen. Diese Erfahrung, ausgesetzt zu sein, der Liebe nicht teilhaftig zu werden, ist ja nicht märchenspezifisch, sondern sie setzt Psychologen, Psychoanalytiker und Sozialarbeiter in Lohn und Brot. Und die immer wieder bekannt werdenden Fälle, in denen Kinder zu Hause zurückgelassen wurden und verhungert oder verdurstet sind, begründen solche Ängste. Umso staunenswerter ist das bedingungslose Zutrauen der Kinder in die Erwachsenen, auf ihre Hilfe und Zuwendung – und die Hoffnung, nein, der feste Glaube, in der fürchterlichsten Situation werde es doch einen Ausweg geben. Für diesen Aus- als Rückweg sammelt Hänsel Kieselsteine und lässt sie, als sie in den Wald geführt werden, fallen, um so den Weg wieder nach Hause zu finden, obwohl er doch das Gespräch der Eltern belauscht hat, also wissen müsste, dass ihn dort nichts Gutes erwarten kann. Das Haus ist im Märchen der Ort, der Schutz gewährt. Dieser Blick zurück, wo – ein so eindringliches Bild – die Katze auf dem Dach sitzt, markiert den Versuch, durch List und eigene Kraft das Schicksal zu meistern. Der Versuch der Selbsthilfe scheitert ein ums andere Mal. Das Märchen zeigt die Hoffnungslosigkeit dieser Versuche, zwingt die ausgesetzten Kinder auf den Weg zu einer Hexe. *Wenn eins in ihre Gewalt kam, so machte sie es tot, kochte es und aß es, und das war ihr ein Festtag,* heißt es im Märchen. Hänsel wird in einen Käfig gesperrt und zum Schlachten gemästet.

Die archetypische Angst vor dem Kannibalismus, dessen Opfer man werden könnte, findet sich in vielen Märchen. Es ist die Vertilgung der Unschuld, nicht aus rituellen Gründen, sondern aus Hunger oder Perversion als Folge einer obsessiven Macht und deren Selbstgenuss. Die zerlegten Leichen in *Fitchers Vogel* und *Blaubart* deuten darauf hin.

Auch die Stiefmutter Schneewittchens wünscht sich von dem ausgeschickten Jäger die Lunge und Leber der Tochter als Beweis, dass sie getötet worden sei. Aber es ist eben nicht nur der Beweis für deren Tötung, sondern sie lässt Lunge und Leber in Salz kochen und verzehrt sie. Wir wissen, der Jäger hat ein Erbarmen mit dem Mädchen, nicht aus moralischen Gründen, sondern weil es so schön ist. Er entnimmt einem erlegten Reh Lunge und Leber. Statt eines Menschenopfers kommt es zu einem Tieropfer. Aus diesem Grund kann die Königin aber auch nicht die Schönheit des Mädchens inkarnieren. Der Spiegel an der Wand sagt die Wahrheit: *Frau Königin, ihr seid die Schönste hier, / aber Schneewittchen ist tausendmal schöner als ihr.*

Also muss sie selbst ausziehen und dem Mädchen einen vergifteten Apfel aufschwatzen. Die so Getötete, oder genauer: Scheintote, wird von außen erlöst, durch den Prinzen. Der erbittet sich den gläsernen Sarg mit dem darinliegenden Schneewittchen. Nicht ein Kuss erlöst sie, wie ich es in Erinnerung hatte, sondern das Stolpern der den Sarg tragenden Zwerge. Dadurch fliegt ihr der vergiftete Apfelgrütz aus dem Hals und der Prinz sagt: … *du sollst meine Gemahlin werden.*

Dann heißt es sehr schön: *Da war ihm Schneewittchen gut.*

In *Hänsel und Gretel* gilt eher das Prinzip der Selbst- und der gegenseitigen Hilfe. Die List Hänsels der kurzsichtigen Hexe – auch das Böse ist nicht perfekt – ein Knöchelchen statt des Fingers zu reichen, verleiht ihm in seinem Käfig Aufschub vor dem Geschlachtetwerden. Als die Hexe mit dem, wie sie glaubt, mickrigen Hänsel dennoch vorliebnehmen und den Ofen von Gretel anheizen lassen will, wird sie ein Opfer ihrer Fressgier. Gretel stellt sich dumm, sie wisse nicht, wie sie in den Ofen hineinkommen kann. *Dumme Gans,* sagt die Alte, *die Öffnung ist groß genug, siehst du wohl, ich könnte selbst hinein, krappelte heran und steckte den Kopf in den Backofen. Da gab ihr Gretel einen Stoß, dass sie weit hinein fuhr, machte die eiserne Tür zu und schob den Riegel vor. Hu! Da fing sie an zu heulen, ganz gruselig; aber Gretel lief fort, und die gottlose Hexe musste elendiglich verbrennen.*

Das ist knapp erzählt und bekommt durch die zahlreichen Verben der Bewegung wie krabbeln, stecken, hineinfahren, zumachen, schieben seine Dramatik bis zum Hu!, das kommentierend den mündlichen Erzähler in die Gegenwart bringt.

Und die Moral ist, die Hexe wird bestraft, aber nicht gegessen. Ihr Tod als Hexe ist zugleich der symbolische Tod der Mutter, denn die ist, wenn Hänsel und Gretel nach Hause kommen, gestorben. *Da hatten alle Sorgen ein Ende, und sie lebten in lauter Freude zusammen.* Es gibt dann noch diesen spielerisch witzigen Nachsatz: *Mein Märchen ist aus, dort läuft eine Maus; wer sie fängt, darf sich eine große, große Pelzkappe daraus machen.*

Jedes Kind, nicht nur der Kürschner, weiß, das geht nicht. So spielt das Märchen mit feinem Humor mit der eigenen Irrealität, eine Einübung in das uneigentliche Sprechen der Ironie, die sich in den Hausmärchen der Brüder Grimm nicht so häufig findet.

Sie merken, wie sehr mich das Märchen *Hänsel und Gretel* als Kind bewegt hat. Nach der Kapitulation waren in Verbindung mit dem Hunger, insbesondere im Winter 1946, viele Erzählungen im Umlauf, die vom Verkauf und Verzehr von Menschenfleisch handelten. Wandersagen, deren eine das Kind mit Schaudern gehört hatte. Eine Nachbarin erzählte die Geschichte von einer Freundin in Hamburg, die auf dem Schwarzmarkt Schweinefleisch in Dosen gekauft hatte. Das Fleisch war weißlich und hatte einen eigentümlich süßlichen Geschmack. Zum Gesundheitsamt gebracht und dort untersucht, stellte sich heraus: Es war Menschenfleisch.

Die Beglaubigung durch eine konkrete Person, an einen bestimmten Ort und zu einer bestimmten Zeit, sowie die erzählerische Stimmigkeit sind im Gegensatz zum Märchen das Strukturprinzip der Wandersagen.

Nach der Kapitulation 1945 tauchten viele Kinder auf, die auf der Flucht aus dem Osten ihre Eltern verloren hatten. Eines dieser Kinder, ein Junge, saß später in meiner Volksschulklasse. Er kannte nur seinen Vornamen – Heinrich – und wuchs bei Pflegeeltern auf.

Es war eine geschichtliche Situation, die der Zeit des Dreißigjährigen Krieges ähnlich war. Norbert Elias hat in den *Studien über die Deutschen* beschrieben, wie diese Erfahrung von Krieg, Gewalt und Hunger die Mentalität der Deutschen über Jahrhunderte geprägt hat, und es ist nicht unwahrscheinlich, dass die damaligen Grausamkeiten, wie Michael Maar in dem Buch *Hexengewisper* behauptet, in die Märchen Eingang gefunden haben.

Der Zweite Weltkrieg war eine ähnliche Katastrophe, nur nicht von fremden Mächten, sondern von Deutschland selbst herbeigeführt. Im Frühjahr 1945, nach der Kapitulation, zogen auf den Straßen die Vertriebenen vorbei, freigelassene Gefangene und Häftlinge, die den Mordlagern noch entkommen waren. Man musste nur aus dem Fenster sehen, wo sich die Zerlumpten, die Geängstigten, Verstörten, Verstümmelten vorbeischleppten.

Solche Schicksale waren dem Kind wie der Vorleserin vertraut und erwiesen nur, dass das Phantastische der Märchen seine Beglaubigung durch die Wirklichkeit fand. Das Unheimliche war das Unbehauste. Das Unbehauste ist für uns heute und hier, in dieser Gesellschaft, gleichnishaft fern. Die Kriege, die Armutswanderungen, Katastrophen, Hunger, Durst, Flucht vor Dürre und Bürgerkrieg, all das wird uns medial vor Augen geführt, in Bildern, die, auch durch ihre Häufigkeit, es zugleich fernrücken. Unsere Situation ist, gemessen daran, relativ gemütlich, wobei nicht unterschlagen werden darf, dass es Armut und Kinderarmut auch hier gibt. Tod, Krankheit und Verlassenwerden als Grenzerlebnis menschlicher Existenz finden sich auch im Wohlstand. Eine Botschaft der Märchen ist denn auch: Das Glück der Reichen und Mächtigen währt nicht ewig. Nur wenn der Schneider von seinem Werktisch auf den Thron wechselt, bleibt er sein Lebtag König und glücklich, denn wenn er nicht gestorben ist, so lebt er noch heute.

All das Unheimliche blieb beim Vorlesen für das Kind vor der Tür. Auch die gruseligsten Märchen – und in einem der Märchen muss ein junger Mann, übrigens der jüngste Bruder und zu dumm für ein Handwerk, das Gruseln lernen – waren für das Kind nicht nur erträglich, sondern auch genießbar. Es waren das Staunen und der Schauder über eine Welt draußen, jenseits des sicheren Hauses. Das Kind lag nach dem Vorlesen in dem dunklen Zimmer im Bett und sah den Lichtstreif unter der Tür vom Wohnzimmer. Dort saß die Mutter, las oder nähte.

Dieser Lichtstreif gibt den geschützten Ort an, darum der gewählte Titel *Hausmärchen,* wo sie gelesen werden, denn auch in der Sprache war man zu Hause.

Jedoch konnten auch Häuser *unheimlich* sein.

Im Märchen *Fitchers Vogel* ist es das Haus des Hexenmeisters, der als Bettler verkleidet über Land zieht und die Tochter eines Mannes, die ihm ein Stück Brot gibt, durch Berührung willenlos in seine Kiepe springen lässt. Er trägt sie in sein prächtiges Haus und gibt ihr die Schlüssel und ein Ei mit dem Hinweis, sie dürfe alle Zimmer bis auf eines, zu dem der kleinste Schlüssel passt, betreten. Ihre Neugier ist, das Kind ahnt es, so groß – denn die Neugier ist eine wunderbare unbezwingbare Kraft –, dass sie das Zimmer dennoch betritt. In dem Raum befindet sich ein großes Becken, in dem die zerhackten Glieder von Menschen liegen. Vor Schreck lässt das Mädchen das Ei fallen. Es fällt ins Blut, und alles Abwischen und Reiben hilft nicht, immer wieder erscheint das Blut.

Warum ein Ei? Wahrscheinlich ein Detail, das auf Fruchtbarkeit deutet. Immerhin will Fitcher ein Mädchen, das sich an seine Anweisungen hält, zur Frau nehmen. Wieso zerbricht es nicht? Oder war es gekocht?

Aber wer so fragt, sollte Kriminalromane lesen. Das Märchen, wir werden noch darauf zurückkommen, ist glaubwürdig, weil es ohne Begründungszwänge erzählt. Es ist der Logik des Alltags fern.

Fitcher kommt zurück, köpft und zerhackt das Mädchen. Die zweite Schwester erleidet ein ähnliches Schicksal, bis die dritte Schwester, die kluge, den Hexenmeister überlistet und ihn und seinen Anhang, wobei nicht gesagt wird, wer genau das ist, verbrennt. Viele der Hexen und Hexer werden in den Märchen verbrannt oder ertränkt. Beide Strafen weisen auf den Hexenglauben und die Hexenprozesse in der frühen Neuzeit hin.

Hier muss einfügt werden, dass in meiner Kindheit noch die authentische Geschichte von Haarmann aus dem Jahr 1922 im Umlauf war. Haarmann hatte siebenundzwanzig Jungen getötet und danach zerteilt. Gestanden hatte er es nicht, aber einer Nachbarin, einer Restaurantbesitzerin, hatte er mehrmals Fleisch verkauft.

Das Grauen in diesen Märchen wird durch die Möglichkeit des Geschehenen gespeist, während ein Esel, der Goldstücke erbricht, wenn man das rechte Wort *Bricklebrit* ausspricht, in jene wunderbare Zeit der Kindheit reicht, wo die Dinge noch nicht durch Erfahrung und Zuordnung logisch erstarrt sind. Warum soll es nicht einen Tisch geben, der sich selbst mit den besten Speisen und Weinen deckt? Oder, Traumgut jedes Kindes, einen Knüppel, der aus dem Sack fährt und den älteren, stärkeren Quälgeist kräftig verprügelt?

Tischchen deck dich, Goldesel und Knüppel aus dem Sack war eines der versöhnlichen Märchen, zumal eine

Zeichnung den betrügerischen Wirt mit dem auf seinem Rücken tanzenden Knüppel zeigte. Wer kennt es nicht, dass man dem, der einen drangsaliert, wünscht, er möge kräftig auf die Fresse bekommen. Bruno Bettelheim schreibt in seinem Buch *Kinder brauchen Märchen: In fast allen Märchen sind Gut und Böse in bestimmten Figuren und ihren Handlungen verkörpert – so wie Gut und Böse auch im Leben jederzeit gegenwärtig sind und wie der Hang zu beidem in jedem Menschen liegt.* Und viele der Märchen kennen diese Abstrafung des Bösen. *Nicht die Tatsache, dass die Tugend am Ende siegt, fördert die Moral,* schreibt Bettelheim, *sondern dass der Held für das Kind am attraktivsten ist.*

Dennoch mochte das Kind das Ende von *Blaubart* nicht hören, obwohl die Mutter versicherte, es gehe gut aus. Die Retter, die Brüder, kommen von außen, wie die Polizei, und im letzten Moment. Für die anderen Toten in der Blutgrube gibt es jedoch keine Rettung. Insofern geht das Märchen dann doch nicht gut aus.

Interessanterweise versucht Wilhelm Grimm eine psychologisch-medizinische Erklärung für diese Blutkammer zu geben. Er äußert die Vermutung, dass der Hintergrund dieses französischen Märchens eine Krankheit sei, die Miselsucht, die den Bart schwarz werden lässt und von der ein Volksglaube sagte, durch das Baden im Blut einer Jungfrau könne man geheilt werden.

Es ist diese, wie Wilhelm Grimm schreibt, *unbegreifliche Grausamkeit,* vor der in der Kindheit der Lichtspalt schützte.

Nach den ersten Monaten in dem verwinkelten Haus des Onkels waren wir in ein modernes, villenartiges eingezogen, in dem die Witwe des Kreisleiters Schmidt wohnte. Die Wohnung war hell und geräumig. Und doch gab es einen Raum im Keller, der aus heutiger Sicht für den Schrecken und für Mord stand. Es war ein trockener Raum, in dem die Kranzschleifen hingen, die anlässlich der Beerdigung des Kreisleiters, Träger des Blutordens, von seiner Witwe verwahrt worden waren, darunter auch eine vom »Führer«. Jahre später, nicht durch Erzählen, darüber wurde nicht geredet, sondern durch die Recherche, war zu erfahren, das Haus hatte einer jüdischen Familie gehört. Die Familie war vertrieben worden, ihr hatte der Lichtspalt unter der Zimmertür keinen Schutz gewährt.

Das Unheimliche ist auch das Unmenschliche. Das Wort *deportieren* schließt das Zu-Hause-Sein aus. Die Geschichte der Mordfabriken kennt kein gutes Ende. Das ist das denkbar fürchterlichste Märchen, das einmal wirklich war und darum keines ist.

Auch der Schatz im Haus von Onkel Franz brachte nur seinem Finder, dem Tierpräparator, Glück, denn der Bewohner in der Judengasse, der während des Dreißigjährigen Krieges die Goldstücke in der Wand versteckt hatte, war mit großer Wahrscheinlichkeit umgebracht worden. Sonst wäre es kein Schatz geworden.

Zum Schluss muss noch Tante Anna, der aus Rostock kommenden Frau von Onkel Franz, gedacht werden. Klein und grauhaarig, mit einer Brille, die ihre blauen Augen überdimensional vergrößerte, stand sie tagsüber auf ein Kissen gestützt am Fenster und blickte in die Gasse hinunter. Zweimal in der Woche seifte sie sich ein, stand vor dem Spiegel und rasierte sich. Ich durfte ihr dabei zusehen. Als ich sie fragte, warum sie einen Bart habe, sagte sie: Min Lütten, dat kümmt vom Radfohrn.

Darum wünschte sich das Kind, recht bald das Fahrradfahren zu erlernen, um einen Bart zu bekommen. Ist das nicht märchenhaft?

Mythos

Ein Mann kommt aus der Gefangenschaft. Die Reisenden drängen sich in den Abteilen, in den Gängen, sie stehen draußen auf den Trittbrettern, sitzen auf den Waggondächern. Der Mann, der in Hamburg aus dem Zug steigt, trägt eine Luftwaffenuniform, die einmal taubenblau war. In dem Kriegsgefangenenlager wurde sie in ein scheckiges Grün umgefärbt. Auf dem Rücken sind zwei große weiße Buchstaben aufgedruckt: PW. Seine Stiefel, die hat er retten können. Der englische Offizier, der ihn verhörte, wollte sie eintauschen, hatte dafür Zigaretten geboten, viele, aber der Mann hat Nein gesagt, obwohl er ein süchtiger Raucher ist. Es sind elegante hochgeschnittene Langschäfter, Juchtenleder, Reitstiefel, mit Holzstiften in der Ledersohle, innen mit Schweinsleder gefüttert, die Handarbeit eines Schuhmachers in Kopenhagen, der auch das Königshaus belieferte. Eine Zeit lang war der Mann als Besatzungssoldat in Dänemark stationiert gewesen. Er geht durch den Bahnhof, der zerstört ist, tritt hinaus, auf den Vorplatz. Die Häuser liegen in Trümmern. Ein Tag im September, später Nachmittag, leicht bewölkt. Der Mann macht sich auf den Weg zu seiner Schwester, wo er hofft, eine Bleibe zu finden. Das Haus, in dem er wohnte, das weiß er, ist zerstört. Und auch das glaubt er zu wissen, der Beruf des Soldaten hat, jedenfalls für einen Deutschen, keine Zukunft mehr. Was ihm an Wert geblieben ist, sind die Stiefel. Die sind ein gutes Startkapital. Im Krieg zogen sie Blicke auf sich, niemand hätte gewagt, ihm anzubieten, sie zu tauschen oder sie ihm abzukaufen. Die Straßen liegen unter den Trümmern der zusammegestürzten Häuser, Trampelpfade führen über den Schutt. Er findet seinen Weg. Es ist seine Heimatstadt. Drei Gestalten kommen ihm entgegen. Sie tragen abgerissene Steppjacken. Das aufgenähte Dreieck mit dem P zeigt an, sie sind Zwangsarbeiter aus Polen. Die Engländer haben sie befreit. Die drei bleiben vor ihm stehen. Einer zeigt auf die Stiefel des Mannes, und der blickt auf die Schuhe der drei. Der eine trägt elegante schwarze Halbschuhe. Sie passen nicht zu den zerrissenen Hosenbeinen. Der Zweite trägt Schnürstiefel. Der Dritte hat grobe Arbeitsschuhe mit Holzsohlen, an die Leder genagelt ist. Mit einer Schnur wird das Leder zusammengehalten. Der mit den Holzsohlen zeigt auf die Stiefel. Der Mann, der aus der Gefangenschaft kommt, versteht, einen Moment will er etwas sagen, vielleicht, das sei alles, was ihm geblieben ist, ausgebombt, buchstäblich nichts, die umgefärbte Uniform und diese Stiefel, Entlassungsgeld, zwei Orden in der Hosentasche, sonst nichts. Aber er sieht die drei, die ihn nicht einmal bedrohen, sie stehen einfach nur da, und der Mann in diesen Holzschuhen an den Füßen zeigt wieder auf die Stiefel des Mannes. Vielleicht ist dem Mann das durch den Kopf gegangen: Genau genommen passen die Stiefel nicht mehr zu der grässlich grün gefärbten Uniform. Und erst recht nicht zu dem weißen PW auf dem Rücken. Also ausziehen, was nicht leicht ist, denn er hat keinen Stiefelknecht. Er setzt sich auf ein Trümmerstück. Der Zwangsarbeiter aus Polen zieht – er muss kräftig ziehen – ihm erst den einen, dann den anderen Stiefel aus. Er knotet die Bindfäden an seinen Holzschuhen auf und steigt heraus, schiebt sie dem Mann hin. Der Zwangsarbeiter setzt sich neben den Mann, die beiden Langschäfter in der Hand. Sie werden ihm passen, er ist gut einen Kopf kleiner als der Mann, der aus der Gefangenschaft kommt. Dennoch ist es für ihn nicht leicht, in die Stiefel zu kommen. Der Pole trägt keine Socken. Die nackten Füße rutschen nicht in den Stulpen. Er zieht und zerrt, endlich hat er sie an den Füßen. Die Lederschäfte glänzen, elegant dieser leichte, an der Außenseite hochgezogene Schnitt. Die drei Polen gehen weiter, ohne dass auch nur ein Wort gesprochen worden ist. Der Mann sieht ihnen einen Augenblick nach, einmal dreht sich der Pole in den Reitstiefeln kurz um, kein Grinsen, keine Schadenfreude im Gesicht.

Der Mann, der aus der Gefangenschaft kommt,

lässt die Holzschuhe stehen und geht auf Socken weiter, er geht einen vom Steinschutt frei geräumten Pfad. Hin und wieder begegnet ihm ein Fußgänger. Keiner wundert sich über den, der auf Socken daherkommt.

Das Haus der Schwester steht noch, merkwürdigerweise, die anderen Häuser rundum sind zerbombt und ausgebrannt. Bei der Schwester hat er noch ein paar alte Langschäfter stehen, die zieht er an und geht am nächsten Tag zu dem Haus, in dem er früher gewohnt hat. Ein langer Weg durch die Trümmerlandschaft. In einer der Ruinen entdeckt er eine etwas angerostete Pelznähmaschine. Er leiht sich einen Handwagen, holt die Maschine, entfernt den Rost, ölt sie, mietet ein Zimmer in einem Keller, kauft sich ein Buch, *Der Deutsche Kürschner,* hängt ein Schild hinaus: *Kürschnerei.* Er tauscht gegen mehrere Festmeter Holz ein Bündel Fehfelle, näht für einen englischen Besatzungsoffizier an der Maschine die Felle zu einem Mantel, das Buch auf dem Schoß. Kunden kommen, empfehlen ihn weiter. Das Pelzgeschäft beginnt zu blühen. Der Mann, der auf Socken nach Hause kam, beschäftigt vier Kürschner, zehn Pelznäherinnen, einen Chauffeur in Uniform. Das Wort, das all dies umfasst und das sein Selbstverständnis bezeichnet, auch seinen Stolz, ist – Selbstständigkeit.

Ein Gründungsmythos, der in meiner Familie, denn bei dem Mann handelte es sich um meinen Vater, mit einem besonderen Ton erzählt wurde. Es war eben nicht nur eine jener zahlreichen Geschichten, die man sich damals erzählte und die langsam zu Versatzstücken der Unterhaltung herabsanken, sondern es war der Gründungsmythos. Er wurde wieder und wieder erzählt, besonders die Stiefel wurden dabei in allen Einzelheiten beschrieben – wie der Schild des Achill im 18. Gesang der Ilias. Es gab im Erzählen Varianten, aber die Sinnstruktur war unverrückbar, und man berief sich in der Familie darauf. Es reichte schon zu sagen: Ach, die schönen Stiefel. Oder: Egal, ob auf Socken, Hauptsache, man kommt an. Es war ein familiäres Selbstverständnis, dass die Existenz, so bescheiden sie am Anfang war, dem Unbill, der katastrophischen Zeit abgetrotzt worden war. Ein Gründungsmythos, vergleichbar denen, die von den Stadtgründungen des antiken Griechenlands erzählt wurden. Es war etwas, woran man glauben wollte, sollte, konnte. Etwas, das nicht allein in die Vergangenheit reichte, als Erklärung eines Anfangs, sondern, und das eignet dem Mythos, in die Zukunft weist. Er trägt, das ist die normative Kraft des Mythos, ein Versprechen in sich. In diesem Fall ein Glücksversprechen. Worin liegt dieses Glück? Es liegt in der Hoffnung auf Dauer, darauf, dass Handlungsmuster nicht einfach zufällig sind, sondern einen geheimen Sinn in sich tragen, der aus der Kontingenz der Zeit ein Notwendiges macht, eine sogar die Zeit aussetzende Kraft erwirkt. Der Gründungsmythos sucht Sinn für einen Lebensentwurf, und er entsteht besonders in Umbruchzeiten, in Katastrophen und in revolutionären Situationen. Mit ihm wird ein geschichtliches Verstehen festgeschrieben. Und zum Mythos gehört der Heros und eine sinnstiftende Tat, die ihm Beständigkeit und Selbstverständnis zufließen lässt. Der auf Socken heimkehrende Held, die rostige Nähmaschine, die erste, unter großen Schwierigkeiten selbst erlernte Herstellung eines Fehmantels und damit der Beginn einer Kürschnerexistenz, einer Firma, dieser Mythos gibt allen danach angefertigten Pelzmänteln eine besondere Aura, die der Kunde miterwirbt. Das Geschäft floriert. Banken gewähren Kredite.

In dieser Umbruchzeit, der Zeit der zerstörten Städte, Industrien, der zerstörten Existenzen, gab es zahlreiche Gründungsmythen. Willy Schlieker, Sohn eines Kesselschmieds und Schrotthändler, baute ein Imperium aus rostigen Eisenteilen auf, gründete eine Werft, des kleinen Mannes Freund – so erzählt der Mythos –, der jedem Arbeiter zu Weihnachten eine Gans schenkte, bis das Imperium durch Intrigen der Banken zusammenbrach und er Konkurs anmelden musste.

Ein Freund meines Vaters wurde reich durch eine Erfindung, die altes Dieselöl in Bohnerwachs verwandelte. Die Erfindung bestand im Wesentlichen in langem Rühren. Nach dem Bohnern roch das Wohnzimmer wie eine Autowerkstatt, aber das Parkett glänzte.

Es war eine Mangelwirtschaft, also eine Zeit der Improvisation und der kreativen Köpfe.

Der Held hatte ein Talent zu tauschen, also das zu entdecken, was gefragt ist, und die Tauschäquivalente abzuwägen, das erfordert Imagination, List und ein prospektives Geschick.

Ein Gründungsmythos ähnlich dem des Antenor, der, weil er einmal dem Odysseus und Menelaos Gastfreundschaft gewährt hatte, bei der Zerstörung Trojas verschont wurde, mit seinem Sohn Glaukos die zerstörte Stadt verlassen konnte und, wie Vergil in der *Aeneis* berichtet, Padua gründete: *Hier aber gründete jener die Stadt Patavium, Wohnsitz der Teucer, gab dem Volk einen Namen; er hängte die Waffen aus Troja am heiligen Ort auf, und nun genießt er in Ruhe den ungetrübten Frieden.* Diese Ruhe konnte der auf Socken heimgekehrte Kürschnerheld nicht genießen. Die erste Wirtschaftskrise kam. Das Geschäft ging schlechter. Kaufhäuser boten weit preisgünstigere Pelzmäntel an. Die wurden in Griechenland zu Billigpreisen angefertigt. Banken gewährten dem Helden keine Kredite mehr. Der Charme der Improvisation wirkte plötzlich dilettantisch. Da schrumpfte das nunmehr verschuldete Reich, und der Held starb in Kummer und Verzweiflung.

Dieser persönliche Gründungsmythos leitet sich ab vom Mythos der Stunde Null. Und ich will hier eine kurze Begriffsklärung geben, wie ich Mythos verstanden wissen möchte, als einen *Erzählmodus hochverdichteter Sinndeutung*. Ein Erzählmodus, der nicht durch verstärkte Begründungszusammenhänge seine Aussagekraft erhält, sondern sinnfällig aus sich spricht und bildhaft ist. Jan Assmann hat in seinem Aufsatz *Frühe Formen politischer Mythomotorik* fundierende kontrapräsentische und revolutionäre Mythen unterschieden: Mythos ist eine Geschichte, die man sich erzählt, um sich seiner selbst und des eigenen Ortes in der Welt zu vergewissern, eine Wahrheit höherer Ordnung, die nicht einfach nur *stimmt,* sondern darüber hinaus auch noch normative Ansprüche stellt und eine formative Kraft besitzt. Also: Auch wenn man auf Socken daherkommt, nicht aufgeben, Tüchtigkeit und Findigkeit sind die Grundlage, um sich eine eigenständige Existenz aufzubauen.

Die Stunde Null, ein Land in Schutt und Asche, Trümmer, Flüchtlinge, ein Neuanfang. Der Mythos, jeder Mythos, schwindet, wenn er nicht geglaubt wird. Er muss eine Wahrheit in seiner Botschaft tragen, die nicht sogleich durch Fragen aufgelöst wird. Jeder Mythos kann zersetzt werden, wenn man zu fragen beginnt, wenn sich, wie Roland Barthes aufzeigt, der Sinn der beschreibenden Sprache vordrängt, wenn man also nachfragt und hinterfragt, ob es denn wirklich ein Neuanfang gewesen war. Gab es *wirklich* eine Stunde Null? Wenn man relativierende Gegenbeispiele zusammenträgt: Nein, es war nicht der Neuanfang. Nicht alle Leute waren einen Moment lang gleich. Wer Grundstücke, Immobilien, Maschinen besaß, hatte andere Startbedingungen als jene, die vorher nichts oder während des Krieges alles verloren hatten. Und doch stimmt an dem Mythos von der Stunde Null, dass er einen Bruch kennzeichnete, einen Bruch in der deutschen Tradition, der deutschen Politik, der deutschen Mentalität. Und es war ein Neuanfang in der Politik.

Der Mythos von der Stunde Null löste den Mythos vom Tausendjährigen Reich ab, das von der Nazipropaganda, noch kurz vor seinem Untergang, zum Ewigen Reich erklärt worden war. Wir wissen, es hielt – wenigstens das ist ein historisches Glück – nur zwölf Jahre. Die Stunde Null sollte den gesellschaftlichen Nullpunkt bezeichnen, als etwas Neues anbrach, das sich scharf abgrenzte von den vorangegangenen vielen Nullen, oder dem Endlosen, ein Neubeginn im Aufbau, ein Neubeginn in den gesellschaftlichen Wertevorstellungen, ein neues, ein anderes Land. Mit der Rede vom Neuanfang trat die Frage nach der Schuld in den Hintergrund.

Der von den Nationalsozialisten installierte Mythos hingegen war von seiner Bildersprache her ganz auf die Vergangenheit konzentriert gewesen, auf Geschichtslinien, die, im Ungefähr der Sage beginnend, die Historie durcheilten und sich in eine gleichfalls sagenhafte Zukunft hinein verlängern sollten, Siegfried, Hermann der Cherusker, Heinrich der Löwe, Friedrich der Große, Bismarck. Und er war auf Blut ausgerichtet, auf Rasse, Züchtung. Die Herrenrasse sollte eben von weit herkommen, Ahnentafeln wurden gebraucht. Allerdings war der Mythos vom Tausendjährigen Reich, das von der Nazibewegung propagiert wurde, keineswegs so *naturwüchsig* wie behauptet. Es war ein inszenierter Mythos, der Mythos der Machtergreifung. Tatsächlich aber lag der *Machtergreifung* 1933 immer noch die alte demokratische Verfassung der Weimarer Republik und die in ihr geregelte Berufung des Reichskanzlers zugrunde. Ein juristisch-bürokratischer Vorgang, der nicht die Wirkmächtigkeit eines Mythos haben konnte. Darum wurde für die nationalsozialistische Selbstvergewisserung ein anderes Ereignis ausgewählt: der Marsch auf die Feldherrnhalle, der Putschversuch vom November 1923. Zur Mythisierung dieses Ereignisses waren allerdings einige Korrekturen notwendig, denn auch dieses historische Datum war problematisch, da der Putschversuch gescheitert war. Schon die Präposition *auf* putzt den Marsch dramatisch auf, wo er doch nur *zur* Feldherrnhalle führen sollte. Und auch die Feldherrnhalle war eine Korrektur der Ereignisse. Es hätte heißen müssen: der Marsch zum Odeonsplatz. Denn der war das Ziel der Putschisten, dort lag das Innenministerium. Odeon kommt von Gesang, von Ode, und es war das Gebäude, das für Musikaufführungen vorgesehen war, für Tanz und Theater. Für einen Mythos vom Tausendjährigen Reich also völlig ungeeignet. Dagegen klingt *Feldherrnhalle* nach Schlachtengetümmel, eine Konnotation, die durch das Gedenken an die sechzehn erschossenen Putschisten bedeutungsvoll aufgeladen wurde. Die sechzehn waren allerdings nicht in einer Feldschlacht gefallen, sondern von der Bereitschaftspolizei, die das Innenministerium abgeriegelt hatte, erschossen worden.

Dieser Putschversuch wurde zur Geburtsstunde des *neuen Deutschland* umgedeutet. Die sechzehn erschossenen Putschisten wurden exhumiert und als sogenannte Blutzeugen am 9. Januar 1935 in einem Ehrentempel am Königsplatz beigesetzt. Ein Marsch, der jedes Jahr wiederholt wurde mit den Blutordenträgern, also jenen Putschisten, die damals mitmarschiert waren, und der Blutfahne, die 1923 getragen worden war, mit der nun durch Berührung andere Fahnen geweiht wurden. Vor dem Ehrentempel folgte sodann der letzte Appell, die Namen der Toten wurden aufgerufen, und die HJ antwortete: Hier! Die Blutzeugen bezogen die ewige Wache, dann folgte der Badenweiler Marsch, danach das Deutschlandlied.

Deutlich sind die religiösen Anleihen in diesem Ritual ablesbar. Bemüht hergeleitet aus einer Unsterblichkeit, die dem System seine Legitimation durch eine seit Urzeiten biologisch begründete Herkunft geben und ewige Dauer versprechen sollte.

Dieser inszenierte Mythos affizierte übrigens auch die Literatur, bei Kolbenheyer, Blunk, Grimm und wie sie alle heißen, die wiederum den Mythos mit ihren Themen und einer archaisierenden Sprache stärkten – keine Hypotaxe, keine Dialektik, kein einerseits, andererseits –, alles von bärtiger Herkunft und völkischer Dauer. Tatsächlich war der Putsch dilettantisch und ganz kläglich gescheitert, kläglich auch das Verhalten Hitlers, der sich verdrückt hatte, und selbst die Verletzung des einen *Heros*, Hermann Göring, hatte etwas Komisches, er hatte einen Schuss in die Hoden bekommen. Es wurden viele Witze darüber gemacht, was lebensgefährlich war. Witz und Ironie sind für diese Art des propagandistischen Mythos wie ein Säurebad.

Und dieser Mythos war, da, wie Klaus Vondung nachweist, die angebliche nationalsozialistische Umwälzung, sprich Revolution, gar nicht stattfand – abgesehen von wenigen Korrekturen zu einem effektiveren, der Technik aufgeschlosseneren Staat –, lediglich ein Bewusstseinsphänomen, allerdings allgegenwärtig, durch Rituale, die ihn bekräftigten, und den staatlichen Terror, der ihn beglaubigte.

Der Mythos von der Stunde Null richtet sich gegen diesen aufgeblähten Bombast. Er beschreibt ein gesellschaftliches Selbstverständnis, das sich bescheiden und nüchtern gibt. Die Nüchternheit zeigt sich in der Literatur, die unter dem Schlagwort Kahlschlagliteratur in die Literaturgeschichte einging. Eine Bestandsaufnahme, sachlich, knapp, ohne Rhetorik, wie in dem bekannten Gedicht von Günter Eich: *Inventur.* In den Prosaarbeiten von Heinrich Böll, Wolfgang Borchardt und dem frühen Arno Schmidt werden Mythisierungen nicht nur vermieden, sondern durch Sachlichkeit und Umgangssprache zersetzt. Es ist eine Prosa ohne Pathos, ohne emotionalen Überschwang, die kritisch distanziert die traditionellen Moral- und Religionsnormen untersucht, sich auch explizit mit den Mythisierungen der Nazis auseinandersetzt, wie in Bölls *Wanderer, kommst du nach Spa…* Umgekehrt werden aber auch antike Mythen eingesetzt, um die existenzielle Freiheit des Einzelnen in der Diktatur literarisch zu gestalten, etwa in der Erzählung *Kassandra* von Hans Erich Nossack. In Frankreich haben Sartre und Camus versucht, durch einen Rückgriff auf antike Mythen existenzielle Probleme bildhaft werden zu lassen, wie in *Der Mythos des Sisyphos.*

An dieser Stelle muss erwähnt werden, dass der Mythos an sich nicht reaktionär oder konservativ beziehungsweise an eine anachronistische Auffassung von Geschichte gebunden ist. Er ist vielmehr eine Art und Weise der Sinngebung, er ist das Gefäß für eine Botschaft. Wie das Erzählen ist er zunächst einmal nur

Modus und Form, nicht eine bestimmte Aussage. Er ist moralisch wertneutral, wie die Wandersagen, wie jede ästhetische Form, jede Gattung, Roman, Sonett, Novelle. Letztendlich sind es ästhetische Gestaltungsformen, die von der Botschaft gesucht werden. Die Botschaft kann faschistisch sein, sie kann aber auch, wie in der Französischen, der Russischen Revolution oder wie in Ernst Blochs Verständnis von Mythos, auf das Schöpferische und auf die Veränderungsfähigkeit des Menschen verweisen. Eine Botschaft, deren Beglaubigung ist, dass sie in bildhafter Form aus sich spricht und nicht unter einem argumentativen Rechtfertigungszwang steht. Erklärende Kausalketten und ein dialektisches Denken, das nach Gegenbeispielen sucht, lösen den Mythos auf. Der Mythos spricht durch ein Bild, genauer durch ein Geschehen in einer Situation, das zum Bild gerinnt. Begründungen liefern eine zeitliche Erklärung, der Mythos muss aber in seiner paradigmatischen Verkürzung auf das Hier und Jetzt des Geschehens, das im Bild der Zeit enthoben wird, aus sich selbst sprechen. Schon eine psychologische Erklärung löst ihn gleichsam von innen auf. Der Mann, der aus der Kriegsgefangenschaft kommt, beschrieben mit seinen Zweifeln, Begründungen, Reflexionen, ist kaum mythentauglich, er wird zur Figur eines Heimkehrerromans, zum Objekt einer Fallstudie, die aus der Distanz etwas von den individuellen Problemen in der Zeit erzählt.

Die dem Mythos eignende kompakte Sinndeutung geht aus dem Erzählen hervor und ist wiederum, das ist meine These, zumindest im Ansatz für jedes Erzählen konstitutiv, insofern, als es, wenn es in seiner Sinnfälligkeit wirksam, also glaubwürdig ist, sich auch als wirklichkeitsbildend erweist. Auch dem Mythos ist diese Vorstellung inhärent, dass einmal das Wort und die Sache eins waren – also Wahrheit. Wir wissen, das Zeichen ist nicht das solchermaßen bezeichnete Ding, und doch hält sich hartnäckig diese – offensichtlich wahrnehmungstaugliche – Vorstellung, dass im Wort, in der Sprache, Geist und Gegenstand einander berühren. Die Poesie lebt von diesem Glauben. Die Prosa, das Erzählen, etabliert ihn durch Situationen, Bilder, deren Möglichkeiten derart überzeugend sind, dass sie für uns, im Innenraum unserer Vorstellung, als wahr gelten, dass wir sie für uns in *Gebrauch* nehmen. Das hat etwas durchaus Kindliches und ist voller magischer Lust. All diese Figuren und Situationen wesen in einer geisterhaften Wirklichkeit in uns. Wir sind mit ihnen – und sie mit uns – im Gespräch. Es ist geradezu ein Zeichen der Wirksamkeit erzählender Literatur, dass sie nicht nur zitiert werden kann, sondern dass man literarische Handlungen, Personen regelrecht ausprobieren, diese durch affektive Besetzung verinnerlichen kann.

Literatur, die auf das mythisierende Erzählen verzichtet oder sich sprachreflektierend dem Erzählen verweigert, hat diese geisterhafte Wirklichkeitsbildung nicht. Von Heißenbüttels Roman *D'Alemberts Ende* habe ich wie von fern die Bewegung der Argumentation im Kopf, aber keine sinnfällige Situation, keine Person ist mir in Erinnerung geblieben. Das war wahrscheinlich die Absicht des Autors. Allerdings um den Preis, dass der Text, zumindest bei mir, in der affektiven Erinnerung gelöscht wurde.

Eine Zeit lang wurden Romane im Konjunktiv erzählt, weil eine der erkenntistheoretischen Vorschriften der Kritik lautete, man könne, angesichts der Komplexität der Wirklichkeit, nicht mehr erzählen. Der Konjunktiv in diesen Büchern sollte das Erzählte infrage stellen; da er dies letztlich auch nur erzählend leisten konnte, entpuppte sich diese Methode bald als Manier. Es war nicht der *wunderbare Konjunktiv,* die modale Bestimmung des Mythos, der sagt, genau so könnte es gewesen sein, um sich dann dem Indikativ zuzuwenden und darin zu erzählen. Und Indikativ meint die *sprachliche Wirklichkeitsform,* wobei nur Kinder glauben, diese sei mit der Wirklichkeit identisch. Es ist gerade die Nichtidentität, die zum Erzählen drängt, das aus der Erfahrung der Unüberbrückbarkeit seine Notwendigkeit bekommt. Das Erzählen mit seinen mythischen Elementen ist existenzial, es richtet sich an die *vergleichende Vorstellungskraft.* Sie ermöglicht, sie fordert eine Reproduktion von Welt in einem imaginären Innenraum, der durch Sprache, und zwar durchaus lustvoll, kommunikabel wird. *Die Blechtrommel* beispielsweise ist voller mythischer Erzählmomente, das Zersingen der Scheiben, das Trommeln selbst, aber auch voller signifikanter Situationen, wenn beispielsweise von dem Eindringen der Rotarmisten in Danzig in den Keller erzählt wird, davon, dass Vater Matzerath sein Parteiabzeichen im Mund verschwinden lässt und daran erstickt. In *Katz und Maus* wird über den Mythos Ritterkreuz, über Männlichkeit und Tapferkeit mit bildhaften Elementen erzählt, das Ganze aber ins Groteske gewendet, der große Adamsapfel, die Bommel, der Schraubenzieher, den sich Mahlke um den Hals hängt. Man könnte in diesem Zusammenhang natürlich literaturwissenschaftlich sehr viel genauer differenzieren und Begriffe wie Symbol, Parabel, Metapher und so weiter ins Spiel bringen. Mir geht es jedoch bei dem Aufspüren von mythischen Erzählmomenten weniger um begriffliche Einzelbestimmungen als um die Charakterisierung einer Wechselbeziehung zwischen Erzähltem und Leser.

Der Mythos hat einen imperativen und interpellatorischen Charakter, schreibt Roland Barthes in *Mythen des Alltags.* Der Mythos will geglaubt werden. Gerade bei den Trivialmythen wird deutlich, welche Rolle die Rezipienten/Konsumenten bei deren Herausbildung haben. Kein Mythos ist wirkmächtig, wenn er sich nicht als Konglomerat von bewussten oder unbewussten Bedürfnissen erweist und *weitererzählt* wird, ganz gleich, ob naiv oder reflektiert. Deshalb – wenn wir uns jetzt wieder dem literarischen Terrain zuwenden – *erliegt* der Leser auch dann gern dem mythischen Erzählen, wenn es gebrochen und ironisiert wird. Das liegt nicht an seiner Naivität, sondern eher an der Eigenkraft seiner Imagination, die sich auch in der Brechung noch selbst genießt.

Um zur eigenen Arbeit zurückzukehren: In der Novelle *Die Entdeckung der Currywurst* wird der Trivialmythos – die Currywurst – mit einem antiken Mythos – dem der Odyssee – verbunden, genauer, diese bildet als Subtext das Fundament der Novelle: der Krieger, der nach Deutschland kommt, in den letzten Tagen des Krieges in Hamburg desertiert, von einer Frau, der Zauberin Kirke, aufgenommen wird, im Bett, in der Küche, in der Wohnung, und der *verzaubert* wird, indem sie ihn nicht nur bekocht, sondern ihm eine andere Außenwirklichkeit vorstellt: eine Mythomanin aus Leidenschaft, »der Krieg geht draußen weiter«, sodass er, der Deserteur, nicht ihre Wohnung verlassen und nicht zurück zu Frau und Sohn kommen kann. Eine Geschichte über Liebe, Lüge, Trug und Wahrheit. Erst am Schluss, nach einem komplizierten Tauschverfahren – der Tausch spielt in vielen der klassischen Mythen eine wichtige Rolle –, kommt sie, Frau

Brücker, durch einen *Zufall* auf das Rezept der Currywurst. Gleichsam eine unerhörte Begebenheit, wie sie Goethe für die Novelle gefordert hat.

Das Buch erschien, und es begann, womit der Autor nicht gerechnet hatte, eine heftige kontroverse Diskussion über die Erfindung der Currywurst. Eine regelrechte Schlacht zwischen den Boulevardzeitungen in Berlin und Hamburg. Die *Hamburger Morgenpost* titelte: *Sie wollen uns die Currywurst wegnehmen.* War sie in Berlin erfunden worden oder in Hamburg? Die *Tagesschau* rief bei mir an, wollte ein Interview über Frau Brücker. Es war Sommer und Sauregurkenzeit. Frau Brücker sei eine literarische Figur, sagte ich. Die Dame am Telefon schien enttäuscht zu sein. Ich hatte den Eindruck, sie vermutete, ich wolle sie nur abwimmeln. Der Streit zwischen Hamburger und Berliner Currywurstfreunden hält an. Inzwischen ist für Frau Brücker, die fiktive Erfinderin der Currywurst, in Hamburg sogar eine Gedenktafel angebracht worden.

Nun ist das nicht nur eine Folge von Leichtgläubigkeit, sondern ganz sicher auch ein Spiel, denn die Currywurst zählt zu den Mythen des Alltags, wie sie Roland Barthes für Frankreich untersucht hat. Jedoch hätte ich nicht geglaubt, dass dieses literarische Spiel mit einem Alltagsmythos derart wirklichkeitsbildend sein kann. Es lässt sich allenfalls so erklären: Das lustvoll fiktionale Spiel hebt die Dinge über ihren Gebrauchswert hinaus, gibt ihnen eine Aura des ästhetisch Besonderen.

Eine Aura, die einen skurrilen Distinktionsgewinn und habituelle Handlungsweisen schafft. Isst man die Currywurst mit Haut oder nicht, das ist unter Kennern eine Grundsatzfrage, und man kann lange über die Vor- und Nachteile der groben oder feinen, der roten oder weißen Wurst diskutieren. Und für den Kenner ist entscheidend, wo, an welchem Imbiss-Stand, man die Wurst isst. Im Freien und im Stehen muss sie gegessen werden. Im Sitzen schmeckt jede Currywurst langweilig.

Der Mythos hat nicht nur eine Affinität zu Alltagsobjekten und Situationen, er sucht sich auch gern Zahlen. Neben der Stunde Null behauptet sich neuerdings das Jahr 1989, das den Zusammenbruch der DDR, des *realen* sozialistischen Systems, markiert. Jahreszahlen stehen vor allem für einen Anfang, von da an beginnt Erinnerung, und der Mythos bewahrt und wiederholt die Erinnerung im lebendigen Gedächtnis. 1848, 1870/71, 1918, 1933. Es sind immer wieder bildhafte Darstellungen, meist *sprechende Situationen.* Die Stunde Null: die Trümmerbilder. Das Jahr Null: der Stall, Ochs und Esel, die Krippe, darin das Kind. Das ist das Bild, an dem der Glaube seine Einbildungskraft entfalten kann, die Anbetung. Und auch für Nichtgläubige wird durch die bildhafte Situation die Botschaft deutlich: ein König, nicht von dieser Welt, geboren in einem Stall, aber gerade darum mit der Kraft begabt, die Welt zu erlösen.

So gehört zu der Bedeutung des Jahres 1989 das Bild der auf der Mauer stehenden feiernden Menschen. Eine Grenzüberschreitung findet statt und wird in dem Bild sichtbar, ein geschichtlicher Einschnitt, von dem wir wissen, welche Folgen er hatte: Eine Gesellschaftsordnung wird umgestülpt, Berufszweige werden aufgelöst (Parteifunktionäre, Stasibeamte), andere neu installiert (Rechtsanwälte, Steuerberater), die Planwirtschaft wird in eine kapitalistische Wirtschaft umgewandelt, staatliche Betriebe werden privatisiert, das heißt, die Gesellschaft wird enteignet. Biographien bekommen eine jähe Wendung, Lebensentwürfe müssen korrigiert, Verhaltensweisen neu erlernt werden (Konkurrenz, Arbeitssuche, Anträge für Arbeitslosengeld).

Die Literatur, durchaus abonniert auf geschichtliche Bruchstellen, spiegelte diesen Umbruch. Da gab es Betroffenheitsliteratur, Sachbücher, Biographien, und nicht zufällig kam es geradezu zu einer Schwemme von Berlin-Romanen und -Erzählungen, die fiktional oder biographisch diese Lebenswende aufarbeiten. Berlin war schließlich nicht nur die Schnittstelle gegensätzlicher Ideologien und Lebensweisen, sondern auch der Ort, an dem der Westen am stärksten selbst in die Veränderung mit hineingezogen wurde.

Die literarische Darstellung vom Untergang der sozialistischen Mythen hat Thomas Brussig mit trivialmythischen Bildern wie der phallischen Niederlegung der Mauer in *Helden wie wir* darzustellen versucht.

Ein anderer mit einem Jahr verbundener Mythos ist die Zahl 68. Darüber, über das Pro und Kontra, wird am politischen Stammtisch heftig diskutiert, glorifizierende Geschichten der Beteiligten auf der einen, ressentimentgeladene Beschwörung des Verlustes von Bildung, Anstand, Leistungswillen und Umgangsformen auf der anderen Seite. Gerade dass »1968« als Thema den Stammtisch erreicht hat, bekräftigt den Mythos. Wobei das Datum nur eine von Frankreich übernommene Chiffre ist, die sich im Zuge der Mythenbildung verselbstständigte. Die revoltierenden Studenten, allgemeiner die APO, verstanden sich nicht als 68er. Wie sollten sie auch, denn ihr Selbstverständnis als Bewegung knüpft sich an ein anderes Datum, an den 2. Juni 67, als Benno Ohnesorg erschossen wurde. Der Tod stand am Anfang, und der Mythos erzählt von solchen Anfängen. Ein Student, der mit vielen anderen friedlich gegen einen Despoten, den Schah, demonstriert. Währenddessen sitzt der Despot mit dem Bundespräsidenten und dem Berliner Bürgermeister in der Berliner Oper und hört die *Zauberflöte.* Ein Polizeipräsident, ehemaliger Major und Ritterkreuzträger, vergleicht die Demonstranten mit einer stinkenden Leberwurst, in die man hineinstechen und sie zu den Enden hin ausdrücken muss. Prügelnde Polizisten. Ein Polizist in Zivil, der Jahrzehnte später als Spitzel der Stasi enttarnt wird, erschießt einen Studenten, der die Hände über den Kopf hält, um sich vor den Gummiknüppeln zu schützen. Der Todesschütze wird später, ein Justizskandal, wegen putativer Notwehr freigesprochen. Das war 1967 der Beginn der sogenannten 68er-Bewegung. Es war der Beginn des Aufbegehrens der jungen Generation gegen die Vätergeneration, das Establishment, das in Amt und Würden war, darunter viele Richter, Polizisten, Regierungsbeamte, die schon dem NS-Staat gedient hatten. Auch wenn sich der Protest am autoritären Agieren des wirtschaftlichen und politischen Establishments entzündete, ging es nicht nur um Mitbestimmung in den Institutionen, den Universitäten, Redaktionen, Theatern, Verlagen, sondern es war der Wunsch nach einem anderen Leben, auch einem anderen Selbst. Empfindsamkeit, das war gefordert, eine distinktive Wahrnehmung von Herrschaftsmechanismen, von Unrecht, von eklatanter und stiller Ausübung von Gewalt. Auch zwischen den Geschlechtern. Der Wunsch nach Gleichheit, nach freien, offenen Beziehungen. Spiel. Lustgewinn. Hinterfragen. Mitbestimmen, wofür man arbeitet, für wen man arbeitet, woran man arbeitet. Es sollte, wie Herbert Marcuse sagte, die Überführung der Vernunft in die befreiende Tat werden. Die konkrete Utopie. Der Mythos war die *Tat,* war die politische Praxis, die nichts Privates duldete, Theorie ja, aber keine Ästhetik, es sei denn die der Aufklärung und Propaganda. Die Literatur wurde zu Grabe getragen, weil man ihr die Fähigkeit zur Veränderung absprach. Wo alles aus

Klasseninteressen hergeleitet wurde, war ein interesseloses Wohlgefallen verdächtig. So findet sich aus der Zeit der Revolte auch keine mythenbildende Literatur, obwohl, und das ist die Pointe, diese Zeit wie kaum eine andere Zeit voller Mythen, voller *gelebter* Mythen, war, todernsten: Stadtguerilla, Rote Armee Fraktion, Befreiungsbewegungen der Dritten Welt, Revolutionen mit Heroen wie Che Guevara, Mandela, Ho Tschi Minh, Castro, Mao. Und den verspielten Alltagsmythen: Parka, Jeans, Wohngemeinschaft, der Untergrund, Filme wie *Viva Maria,* die Beatles, die Bärte, die langen Haare. In einer späteren Phase der Mythos des Arbeiters, ihn wollte man erreichen, mit ihm zusammen, mit der Arbeiterklasse, sollte eine neue gerechtere und freie Gesellschaft aufgebaut werden.

Jedoch wussten die Arbeiter recht genau, warum sie sich mit den Studenten nicht einlassen wollten. Sie mussten bis zur Rente malochen, während die revolutionären Jungakademiker nach dem Examen ihre, jedenfalls damals noch, gut bezahlten Jobs antreten und ihre Vorgesetzten werden würden. Und auch das – die Alternative der sozialistischen Länder hatte so gar nichts Verlockendes. Der Wunsch und Wille der Studenten, sich mit den Arbeitern zu verbrüdern, jedoch war groß.

Die Münchner Universität war im Zusammenhang mit der Notstandsgesetzgebung 1968 besetzt worden, und an dem Tag, ich weiß nicht mehr, an welchem, aber es war Sommer, wurde der Lichthof mit seinen

Emporen und Treppen zu einem Forum. Reden wurden gehalten, Musik spielte, Würstchen und Bouletten wurden verteilt, Freibier, das ein linksliberaler Anwalt gestiftet hatte. Es wurde getanzt. In den verschiedenen Hörsälen gab es Arbeitsgruppen zur Hochschulproblematik, zur Psychiatrie, zum Klassencharakter der Wissenschaften, zu den Befreiungsbewegungen in der Dritten Welt. Franz Josef Degenhardt kam und wollte die *Internationale* auf der großen Orgel in der Halle spielen. Der Streikrat sollte ihm das Manual aufsperren. Ihr seid doch Revolutionäre, sagte er, das müsst ihr doch schaffen, das Manual aufzusperren. Es gelang aber nicht. Später habe ich mehrmals diesen Traum gehabt, ich hörte tatsächlich das Spiel, deutlich, so deutlich, dass ich mich zuweilen frage, ob Degenhardt nicht doch gespielt hat. Es war eine Feier. Es war ein Moment, einer der wenigen, in dem das zusammenkam, was durch den Tod Benno Ohnesorgs mit ausgelöst worden war, tatkräftige Radikalität und Reflexion, Theorie und Poesie. Es wurde Lyrik gelesen, Rainer Werner Fassbinder trat mit Schauspielern auf, Revolutionslieder und Lieder von Schubert erklangen – ein Durcheinander, eine anarchische Feier, die ihren Sinn in sich selbst hatte. Und dann hieß es, ein Arbeiter wolle reden. Alles strömte zusammen, die Musik verstummte. Ein Mann wurde auf einen Tisch in der Halle gestemmt, in der Mitte dieser riesigen Kuppelhalle der Universität stand er, *der Arbeiter,* alles stand still und stumm. Hört, riefen alle, hört den Arbeiter! Der Mann schwankte ein wenig, und dann hörte man; *Disziplin* und *ihr müsst arbeiten* und man hörte *Ordnung, gegen die Faulenzer durchgreifen,* und man hörte *Regierung schlapp. Disziplin,* brüllte er. Man hob den Mann, der inzwischen stark schwankte, schnell wieder von dem Tisch.

Ein Mythos wird, zumindest punktuell, ad absurdum geführt. Die 68er-Bewegung ist auch an ihren politischen Mythen gescheitert. Es waren – die Revolution, die Arbeiterklasse – bloße Wunschbilder, keine aus der Zeit und der Stimmung erwachsende Bilder, die sodann ihre performative, emotionale Kraft hätten entfalten können. So, wie die Protestbewegung gegen Vietnam ihr Bild hatte: das Foto von den nackten vietnamesischen Kindern, darunter ein Mädchen mit Verbrennungen, die aus einem von den Amerikanern bombardierten Dorf fliehen. Oder die Studentenbewegung, die ihren Anfang mit dem Foto des am Boden liegenden Studenten Ohnesorg und der neben ihm knienden schwarz gekleideten Frau verbindet.

Die Revolution mit ihren geliehenen Bildern von den hochgereckten Gewehren und Schraubenschlüsseln ist gescheitert. Nicht gescheitert ist der Entwurf einer Lebenspraxis, die in sich das gelebte lustvoll Unabgeschlossene trägt, von dem Jacques Derrida sagt, das sei die emanzipatorische Verheißung gewesen.

Lob der deutschen Sprache

Ich will ein Lob der deutschen Sprache wagen. Ein prekäres Unterfangen, da sich der Sprecher in der eigenen Sprache notwendig mitlobt, prekär vor allem, weil die deutsche Sprache durch die katastrophale deutsche Geschichte belastet ist. Bestimmte Wörter und Begriffe sind durch den Gebrauch der Lingua tertii imperii derart vergiftet worden, dass sie isoliert werden mussten, beispielsweise das in entsetzlicher Weise Wirklichkeit gewordene Wort *Endlösung*. Die deutsche Sprache, das muss ins Bewusstsein gerufen werden, war und ist nicht nur die des Dritten Reichs, sondern auch Österreichs, eine der vier Landessprachen der Schweiz und die Sprache der Exilanten, des Widerstands und selbstverständlich ist und bleibt sie die Sprache von Immanuel Kant, von Hegel, Goethe, Schiller bis hin zu Sigmund Freud, Thomas Mann, Alfred Döblin und Bertolt Brecht.

Die Sprache, keine Sprache der Welt, kann sich gegen ihren Missbrauch wehren, das können nur die Sprechenden tun – sie müssen das freie Wort und damit sich selbst schützen. Und noch eines: Es gibt keine genetische Disposition für eine bestimmte

Sprache. All das muss bei diesem Sprachlob mit bedacht sein.

Die Meinungen, was die Eigenart, die Schönheit, die Kompliziertheit verschiedener Sprachen angeht, sind international recht festgefügt. Die englische Sprache gilt als lakonisch und leicht erlernbar, das Französische als elegant und besonders wohlklingend und die deutsche als kompliziert und hart. In jedem dieser Klischees steckt etwas Wahres, das sich jedoch bei einer genaueren kritischen Betrachtung sogleich ausdifferenziert. Das Wahre wird zum Halbwahren oder gar Falschen.

Zunächst einmal sind die meisten Sprecher mit ihrer Sprache selbst recht einig. Die Sprache ist für das *Selbst* verständlich, und zwar derart, dass sie im Gebrauch vergessen wird. Das zeichnet Sprache aus, in ihr zu denken und zu sprechen, ohne immer wieder daran denken zu müssen, dass wir in ihr denken und sprechen. Wir werden uns dessen erst bewusst, wenn uns ein bestimmtes Wort nicht einfällt, wenn wir jemanden treffen, der eine Sprache spricht, die wir nicht verstehen. Erst im Mangel merken wir, wie selbstverständlich und fraglos wir in der Muttersprache oder in der Erstsprache zu Hause sind. Wir sind in der Sprache und durch sie identisch mit uns und mit anderen, wobei immer wieder auch regionale Identitäten durch sprachliche Besonderheiten ausgebildet und betont werden, im Deutschen besonders ausgeprägt durch die verschiedenen Mundarten. Sie sind eine Bereicherung, gleichsam der Humus für das Hochdeutsche. In Bayern und Baden-Württemberg haben sich die Mundarten gegen die radikale Dialektbekämpfung der Sechzigerjahre behaupten können. Viele der alten merkwürdigen Worte sind ganz selbstverständlich gebräuchlich wie *Zamperl* für Hund und *Bleschl* für Zunge oder *schiech* für häßlich. Wir hören die Regionen der Sprechenden an den Verschleifungen und Auslassungen und im Tonfall heraus. Wenn Beckenbauer bei problematischen Situationen im weichen Bairisch sagt: *Schaun mer mal,* klingt das so ganz anders als das norddeutsch drohende Stakkato: Das werden wir ja sehen.

Der Tonfall des Sprechenden verrät seine regionale und soziale Herkunft. Für das geübte Ohr sind zuweilen Unterschiede von Dorf zu Dorf oder von Stadtregion zu Stadtregion herauszuhören. In Hamburg kann man an dem Tonfall, wie Garten ausgesprochen wird, hören, ob der Sprecher aus dem gutbürgerlichen Westen der Stadt kommt, wo Gärten gepflegt werden, oder aus der Arbeitergegend Hammerbrock im Osten, wo es kaum Gärten gibt, sich dafür das Wort wie zum Wunsche im Vokal längt, zu *Gaarden.* Und fehlerhaftes Deutsch bei Migranten wirkt nicht so falsch und fremd, wenn ein schwäbischer oder hessischer Dialekt durchscheint.

Selbstverständlich haben auch soziale Schichten und Berufszweige ihre Sprachidentitäten, zum Beispiel Hafenarbeiter oder Computerfachleute. Nicht zufällig entwickeln zudem die Generationen ihre eigenen Codes. Und bezeichnenderweise geschieht das gerade in der Neufindung von Attributen – ein Versuch, die Welt neu zu sehen, neu zu deuten, neu zu werten, um sich von all den Standards der älteren Generation abzusetzen – wie *cool, total geil, overätz* oder *echt super*.

Das, was *cool* ausdrückt, gibt recht genau die momentane Mentalität wieder. Ebenjene Kühle, die sich von all dem angestrengt Verschwitzten abhebt, also eine Distanz voraussetzt, die ja Grundbedingung ästhetischen Wahrnehmens ist, im Optischen und Akustischen – und dieses *cool* hat nichts von dem miefig-piefigen Regionalismus des *knorke, dufte* meiner Generation an sich, sondern es ist – by the way – auch international.

Eine der identitätsbildenden Berufssprachen hat mich schon als Kind interessiert: das Ketelklopperplatt. Auf Hochdeutsch wird daraus ein Wortungetüm: Kesselnieterniederdeutsch. Dieses Ketelklopperplatt ist eine wunderschön klingende, aber unverständliche Sprache, in der man den ersten Vokal im Wort anlauten lässt, den davor stehenden Konsonanten nach hinten an das Wort zieht und daran ein i anhängt.

Es war Lichtenberg, der empfohlen hat, man möge dem Deutschen an alle Substantive einen Vokal anhängen, um sie klangvoller zu machen. Und es ist, als ob die Hamburger Werftarbeiter diesen Vorschlag im vorletzten Jahrhundert aufgegriffen und auch verwirklicht hätten. Ich gebe Ihnen ein Beispiel: *Du kannst mi mol an'n Moors klei'n.* Was ins Hochdeutsch übersetzt heißt: Du kannst mich mal am Hintern kratzen. Daraus macht das Ketelklopperplatt: *Udi annstki imi olmi anni orsmi einkli.*

Warum? Ein kollektives Spiel. Und so habe ich mir das zu erklären versucht: Diese Arbeit, Schiffskessel zu nieten, war mit einem die Ohren betäubenden Lärm und einem Dröhnen verbunden, insbesondere für diejenigen, die im Kessel saßen und beim Nieten gegenhalten mussten. Das rief eine akustische Abwehrreaktion hervor, eine sprachliche Gegenwehr, die das Dröhnen mit den Vokalen, vor allem dem i, durchdrang. Und es war eine Geheimsprache, die von den Ingenieuren nicht verstanden wurde. Dieses Ketelklopperplatt ist so gut wie ausgestorben. Zum einen, weil sich die Arbeitsbedingungen geändert haben, zum anderen, weil man sich nach der Arbeit mit dem Fernsehen volldröhnen kann, das kaum noch kreative sprachliche Gegenwehr mobilisiert.

Das Ketelklopperplatt ist im Kleinen das, was uns im Großen als Fremdsprache begegnet. Wir hören sie zunächst nur als Klang, als Rhythmus, Lautfolgen, stärkere Vokalisierungen. Das Erlernen jeder Fremdsprache ist, einmal abgesehen von dem Memorieren der Worte, dem Einprägen grammatikalischer Regeln, von einem Suchen, Zögern, Stocken, Nachdenken begleitet. Es ist geradezu die typische Grundsituation des Schriftstellers, den diese Haltung mit seiner Arbeit verbindet. Während Lehrer jedoch versuchen, die Schüler zu einer selbstverständlichen Geläufigkeit in der fremden Sprache zu bringen, muss der Schriftsteller, will er nicht aus dem Bauch schreiben, das gerade verhindern, er muss diese Differenz, das Nicht-Selbstverständliche, erhalten. Das bedeutet natürlich nicht, dass er handwerkliche Schwierigkeiten mit der Sprache haben sollte, davor haben ihn hoffentlich gute Lehrer bewahrt, aber dieses Staunen, Stutzen, Zögern muss seine Arbeit begleiten. Etwas, das der Sprache ihre Normalität nimmt, die der Lehrer dem Schüler doch gerade vermitteln soll. Aber beider Bemühen, Lehrer wie Schriftsteller, ist es, die Besonderheit der Sprache ins Bewusstsein zu heben.

Ihnen sind diese Besonderheiten aus Ihrer Praxis bekannt: beispielsweise der Bedeutungsumbau durch Präfixbildung. Was alles aus einem Verb durch Veränderung des Präfixes generiert waren kann, lässt mich jedes Mal, wenn man ein entsprechendes Wort im Englischen oder Französischen sucht, ganz naiv staunen: *begehen, vergehen, ergehen, entgehen, zergehen, aufgehen, hochgehen, umgehen* und so weiter.

Sodann die besondere Fähigkeit des Deutschen, im Gegensatz zum Englischen und Französischen,

Komposita zu bilden. Ein Spiel in der Schule war die Montage von Substantiven, Verben und Adjektiven zu hypertrophen Wortgebilden, die zu surrealen Bedeutungsballungen führten. Es war die lustvolle Erfahrung, wie etwas neu bezeichnet und bedeutet werden kann, die Komposita waren, so die Vorstellung des Schülers, ein sprachlicher Baukasten der Wirklichkeit. In der Technik: *Vierganggetriebe* oder *Kurzwellensender*. Im Sport: *Fallrückzieher* oder *Wiederanpfiff*. Aus der Wirtschaft: *Wertpapierbesitz, Geldvernichter*. Und dann natürlich die wunderbaren Komposita aus der Poesie: Hölderlins *Hesperidenwonne, Göttertriebe, Götterverächter, glänzende Götterlüfte* und ein so wunderschönes Kompositum, das ein Substantiv mit einem Verb im Partizip Präsens verbindet zu: *Lustatmend, immergrüner Haine / voll.*

In der deutschen Sprache findet sich noch die Anschauung in den Wörtern, wie der Vergleich zeigt: *Einbildungskraft / imagination, Langeweile / ennui, Herbstzeitlose / colchique*. Hier soll, das muss betont werden, nicht abgewertet oder aufgewertet, nur gleich gewertet, der Unterschied deutlich gemacht werden – auch im Klang, dem Melos der Sprache. Wenn man Opernsänger fragt, in welcher Sprache sie es vorziehen zu singen, sagen sie nicht Französisch, sondern Italienisch oder Deutsch. An dem wegen seines Klangs gelobten, auch von den Franzosen selbst so hochgelobten Französisch stört im Gesang die Nasalierung. In der deutschen Sprache hingegen gibt es diese besondere Balance zwischen zwei antagonistischen Elementen, den atemtragenden Vokalen und den körpernahen Konsonanten.

Aber die Syntax – der Schrecken der Deutsch Lernenden. Sie kennen vielleicht die Anekdote von Mark Twain, der auf einer Deutschlandreise in Berlin war und im Reichstag eine Rede von Bismarck hörte, der übrigens ein vorzügliches Deutsch schrieb und sprach. Bismarck redet, und Mark Twain fragt seinen Übersetzer: Was sagt er denn? Moment, Moment, flüstert der Übersetzer. Wenig später fragt Mark Twain ungeduldig: Nun, was sagt er? Moment, sagt der Übersetzer, ich warte immer noch auf das Verb.

Es ist diese Syntax, der nicht die Verkürzungen durch die Gerundiumform wie in den romanischen Sprachen geläufig ist, in der man sich auch nicht auf den Kontext verlassen darf; die komplizierten temporalen und kausalen Bezüge müssen durch Kausal-, Final-, Konzessiv-, Modal-, Konditionalsätze ausgedrückt werden, mit all den Über- und Unter- und Beiordnungen. Darin drückt sich diese Anstrengung aus, den höchst komplizierten Prozess des Denkens, Fühlens, Erinnerns von innen nach außen zu bringen – oder wie Heinrich von Kleist schreibt, *etwas so Zartes, als ein Gedanke ist* in der Sprache *auszuprägen*. Und um diese *Zartheit* auszuprägen, haben wir in der deutschen Sprache den Konjunktiv.

Ich möchte auf einen kurzen Prosatext von Heinrich von Kleist eingehen, der, obwohl sprachlich zart, eine recht kräftige Botschaft hat, *Die Anekdote aus dem letzten preußischen Krieg.* Das Prosastück wurde nach der Schlacht von Jena und Auerstedt geschrieben. Die preußische Armee war von Napoleon geschlagen worden, und zwar derart vernichtend, dass der preußische Staat danach nicht nur Land und Provinzen verlor, sondern beinahe von der politischen Landkarte verschwunden wäre.

Der Anfang dieses kurzen Prosatextes lautet: *In einem bei Jena liegenden Dorf, erzählte mir, auf einer Reise nach Frankfurt, der Gastwirt, daß sich mehrere Stunden nach der Schlacht, um die Zeit, da das Dorf schon ganz von der Armee des Prinzen von Hohenlohe verlassen und von Franzosen, die es für besetzt gehalten, umringt gewesen wäre, ein einzelner preußischer Reiter darin gezeigt hätte; und versicherte mir, daß, wenn alle Soldaten, die an diesem Tage mitgefochten, so tapfer gewesen wären, wie dieser, die Franzosen hätten geschlagen werden müssen, wären sie auch noch dreimal stärker gewesen, als sie in der Tat waren.*

Hier ist ein Satz, der viel bewegt, ein bewundernswerter Satz, in dem sich alles gebündelt findet, die Daten, der Schlachtverlauf, der Ort, ein Dorf bei Jena und ebendort der Moment eines Machtvakuums, die Preußen sind abgezogen, die Franzosen stehen vor dem Ort, haben ihn umringt, sind aber noch nicht eingerückt, eine perfekte Exposition.

Sie werden vielleicht gestutzt haben, als Sie hörten: umringt gewesen *wäre,* und etwas später: als ein einzelner preußischer Reiter sich darin gezeigt *hätte;* müsste das nicht, da der Wirt berichtet, *sei* und *habe* heißen, also Konjunktiv Präsens? Kleist hat aber *wäre* und *hätte* geschrieben, den Konjunktiv Präteritum. Was sich zunächst falsch anhört, ist der Kunstgriff, denn durch diese Verschiebung vom Potentialis in den Irrealis deutet Kleist an, dass der Erzähler selbst Zweifel an der Geschichte des Wirtes hat, die so weitererzählt wird: *Dieser Kerl, sprach der Wirt, sprengte, ganz von Staub bedeckt, vor meinen Gasthof, und rief: ›Herr Wirt!‹ und da ich frage: was gibt's? ›ein Glas Branntewein!‹ antwortet er, indem er sein Schwert in die Scheide wirft: ›mich dürstet‹.*

Und nun entwickelt sich ein Wortwechsel zwischen dem Gastwirt und dem Reiter, ein kleiner, höchst dramatischer Wortwechsel, mit Interjektionen und Ellipsen, mit umgangssprachlichen Wendungen und einem die Klimax hinauszögernden Wünschen, nach einem zweiten Glas Danziger Goldwasser und einem dritten, bis der drängende Wirt den Reiter wegschicken, ihm die volle Flasche schenken will, *wo soll ich mit dem Quark hin?,* sagt der und verlangt nach Feuer und zündet sich, als die ersten französischen Reiter auftauchen, eine Pfeife an, während drei Chasseure in das Dorf reiten, und es heißt dann, wie in einem Western, um diesen Vergleich einmal zu wagen: *Und damit, indem er sich den Hut in die Augen drückt, und zum Zügel greift, wendet er das Pferd und zieht vom Leder. Ein Mordskerl,* lässt Kleist seinen Wirt sagen, ein *verfluchter, verwetterter Galgenstrick.* So sprengt dieser preußische Reiter allein auf die drei Chasseure zu, die er, wie es bei Kleist heißt, *vom Sattel haut,* sodann die drei herrenlos umherlaufenden Pferde einfängt und aus dem Dorf reitet: *›Sieht er wohl, Herr Wirt?‹ und ›Adies!‹ und ›auf Wiedersehen!‹ und: ›ho-ho! hoho! hoho!‹ – So einen Kerl, sprach der Wirt, habe ich Zeit meines Lebens nicht gesehen.*

Da der Wirt als vorgeblicher Augenzeuge erzählt, gibt er dem Geschehen seine Beglaubigung, die noch dadurch verstärkt wird, dass er immer wieder sein eigenes Erstaunen, seine Ungläubigkeit über das Gesehene, hervorhebt. Andererseits hat Kleist durch die Verschiebung des Konjunktivs den sublimen Zweifel an der Geschichte in der Grammatik angelegt. Eine, will man alle Bedeutungsnuancen erhalten, sicherlich nicht einfache Arbeit für einen Übersetzer in jedwede andere Sprache. Kleist spielt in dieser Anekdote mit dem verzwickten Wahrheitsanspruch der literarischen Fiktion. Eine Geschichte, die ein exemplarisches Verhalten schildert, Mut und Entschlossenheit, so als wären mit diesen militärischen Tugenden die Niederlage, die Schmach, die Demütigung vermeidbar, sogar der Sieg über eine dreifache Übermacht möglich gewesen. Der Prosatext stellt heraus, und zwar gleich im ersten Satz, was die deutsche Sprache gegenüber der französischen Sprache hervorhebt, eine Suprematie der Syntax, die Kleist, der das Französische gut beherrschte, ausbreitet, die Hypotaxe, eine zeitliche Verschachtelung, die komplizierten Konjunktivkonstruktionen, die in sich dieses utopische Moment einer anderen Wirklichkeit tragen, mit jener Beweglichkeit und jenem Melos, die beim lauten Lesen hörbar werden.

Gesagt werden muss, dass Kleists Empörung sich gegen den Usurpator Napoleon und dessen Armee richtete, nicht etwa gegen das französische Volk. 1810 wurde dieses Prosastück veröffentlicht, als Preußen von Frankreich besetzt, unterdrückt und gedemütigt worden war. Eine Zeit, in der die französische Sprache noch dominant war und als beherrschend empfunden wurde, wenn auch nicht mehr in dem Maße wie vierzig Jahre zuvor, als ein preußischer König, Friedrich der Große, beschied, die deutsche Sprache in ihrer literarischen Fähigkeit sei der französischen hoffnungslos unterlegen. Deutsch – das war für ihn die Sprache der Kutscher.

Bei Kleist findet sich keineswegs ein selbstgewisses sprachliches Auftrumpfen, vielmehr ein tief gehender Zweifel an Sprache. Die quälende Frage, ob und inwieweit Sprache fähig ist, das Innere, die Gefühle, die Gedanken in ihrer Vielfalt und *Zartheit* auszudrücken. Ich weiß nicht, ob es in anderen Sprachen derartige Sprachzweifel gibt, wie sie in der deutschen und in der österreichischen oder schweizerischen Literatur sich häufig finden. Zweifel, die von dem komplexen Verhältnis zwischen Sprache und Wirklichkeit bestimmt werden. Das beginnt nicht erst mit Hofmannsthals Chandos-Brief, schon in einem Brief von Kleist an Karl vom Stein zu Altenstein finden sich Sätze, die, voller Zweifel, ganz fern von Gewalt und Patriotismus, von Mut und Heldentum sind, etwa dieser: *Wie soll ich es möglich machen, in einem Brief etwas so Zartes, als ein Gedanke ist, auszuprägen? Ja wenn man Thränen schreiben könnte – doch so – –* Und dann hat Kleist am Ende dieses Satzes zwei Gedankenstriche gesetzt, die ins Sprachlose führen.

Ein empfindsames, zögerlich fragendes Denken, das sich gerade nicht zu der die anderen abwertenden Behauptung versteigt, Deutsch sei die tiefere, seelenvollere Sprache. Kleists Schreiben ist von einem Sprachzweifel bestimmt, der sich an den komplizierten Satzkonstruktionen ablesen lässt, aber auch daran, dass er eigene Texte vernichtet hat.

Das nicht Selbstverständliche der Sprache, das also, womit Sie sich als Lehrer und ich mich als Schreibender beschäftigen, das Eigentümliche, Reiche, Überraschende, Staunenswerte, gilt es, ins Bewusstsein zu heben, aber auch Ungenügen und Mangel, die, wie jede Sprache, auch das Deutsche begleiten.

Lassen Sie mich mit einer persönlichen Erfahrung schließen. 1951 wurde *Der Prinz von Homburg* in Paris mit großem Erfolg aufgeführt, in der Hauptrolle der strahlende Gérard Philipp. Die starke Wirkung dieser Aufführung hielt in Erzählungen und Berichten bis in das Jahr 1966 an, als ich nach Paris kam, und gereichte dem Studierenden, mir, zum Vorteil. Man war, vor allem auch als Folge des deutsch-französischen Freundschaftsvertrags zwischen de Gaulle und Adenauer, neugierig auf die Deutschen, auf deren Literatur und auch auf die problematische deutsche Geschichte. Und das Erlernen der deutschen Sprache wurde als ein intellektuelles Wagnis verstanden, vergleichbar dem Erlernen des Altgriechischen.

Der kompliziert zu lesende Kleist hatte daran seinen Anteil gehabt. Könnte man nicht heute den Versuch wagen, die Sprache nicht allein im Dienst von Fremdenverkehr und Wirtschaft zu verstehen, sondern das in der Sprache ausgedrückte Begehren, wie Roland Barthes es nennt, zu wecken, ein Begehren, das über jeden bloßen Zweck und Nutzen hinausführt, zum Komplizierten, Staunenswerten, Wunderbaren? Es ist diese Lust an der Sprache, die ein anderes Weltverständnis eröffnet, die Vielfalt erfahrbar macht. Eine gemeinsame Arbeit, die uns umfasst, die Lehrenden, die Lernenden und die Schreibenden, in der das *Selbst* sich im Verstehen des anderen lustvoll als ein anderes erfährt. Was wäre mehr zu loben? Und somit wird das Lob des Deutschen zum allgemeinen Sprachlob.

Seine Zeit in Sprache gefasst

Eine Zeit lang traf ich ihn oft, manchmal jede Woche, im *Edeka* an der Paradiesstraße. Er prüfte das Gemüse, Obst, kaufte Käse, Butter, Wein. Keine spektakulären Sorten oder gar Lagen, die gab es in diesem Supermarkt nicht. Mittelgroß, dünnes Haar, rötlich braun, wenn es denn nicht, wie ich vermutete, gefärbt war, der große Kopf schien von einer Last nach vorn gebeugt, hängende Schultern, eine Schreibtischhaltung. Und ich musste an den Satz aus seiner Autobiografie *Jugend* denken: *Ich ging absichtlich gebeugt.* Dieser hier ging nicht mehr absichtlich gebeugt, sondern war gedrückt von der jahrelangen Arbeit des Schreibens und Lesens. Auch an heißen Tagen trug er ein Jackett, Hemd und Krawatte, im Winter einen Trenchcoat, der an den Ärmeln ein wenig abgestoßen war. Beamter hätte er sein können oder Angestellter mit nur kleinem Einkommen. Es war der Autor, den ich im ersten Semester, Anfang der Sechzigerjahre, voller Bewunderung gelesen hatte und der jetzt so ganz anders aussah, als ich ihn mir bei der Lektüre seiner Bücher vorgestellt hatte, als einen im Habitus Zornigen, einen antibürgerlichen Wüterich. Hinter ihm an der Kasse stehend, sah ich, wie er aus einer Geldbörse die Scheine und Münzen heraussuchte, und dachte, wenn er seine Sachen in das Netz einpackt hat, könntest du ihm sagen, wie sehr du seine Bücher magst. Erst einmal nur das, und bei einer nächsten Gelegenheit kannst du ihm dann die Fragen stellen, nach seiner Arbeitsweise, seinen Schreibanlässen, seinen Vorlieben in Musik, Film und Literatur. Ich hatte nie den Mut, ihn anzusprechen. Nicht etwa, weil er abweisend wirkte. Er blickte nur nicht hoch, sah niemanden an, ging wie ein Somnambuler aus dem Laden.

Der Tod in Rom (1954) war das erste Buch von Koeppen, das ich las, und es war wie eine Offenbarung, in keinem anderen deutschen Roman hatte ich bis dahin ein ähnliches Tempo, eine ähnliche Bilderflut, einen vergleichbaren Furor der Sprache gefunden. Danach las ich die Romane *Das Treibhaus* (1953) und *Tauben im Gras* (1951), also in umgekehrter Reihenfolge ihres Erscheinens.

Das Fesselnde, ja Ergreifende dieser Lektüre war die Erfahrung: Was als Stimmung vor jeder Artikulation in mir war, wurde hier zur Sprache gebracht, eine Sistierung der flüchtigen Eindrücke von Menschen, Situationen, die in Augenschein genommen, kommentiert, hervorgehoben, bedeutet werden. Es ist die Inanspruchnahme des Schreibenden, seine Sicht auf die Menschen, auf die Gesellschaft wertend zum Ausdruck zu bringen. In einer am Film geschulten Schnitttechnik wird die Gesellschaft der Fünfzigerjahre in *Tauben im Gras* vorgeführt: Nutten, Schieber, GIs, Kneipiers, Schwule, Lesben, Geschäftsleute, Antiquitätenhändler, Schauspieler, ein bekannter amerikanischer Dichter, ein erfolgloser deutscher Dichter und ein Dienstmann, Josef, eine so erstaunliche Figur, die einen Radiokoffer tragend den schwarzen GI Odysseus durch eine deutsche Stadt begleitet, die, wenn auch nicht genannt, nur München sein kann.

Als ich den Roman las, 1963, gab es in der Thierschstraße noch die Bar, in der sich die schwarzen GIs mit den deutschen Mädchen trafen, gab es die Trümmer, von denen in dem Roman erzählt wird. Eine Gesellschaft, eine Stadtlandschaft in Fetzenszenen beleuchtet, Ausschnitte des schattenhaften Kontinuums der Alltagswahrnehmung. Mein Leseeindruck war, und er stellte sich bei der erneuten Lektüre wieder ein, ich würde im Zug rückwärts zur Fahrtrichtung sitzend durch die Landschaft fahren, blitzschnell tauchen die Dinge auf, um sich im Entfernen für einen Moment deutlicher abzuheben. Man ahnt nicht, was kommt, und muss genau hinsehen. Ein überraschendes Bild löst das andere ab. Ein teleskopisches Verfahren. Und schon taucht das nächste Bild auf. *Vor einer Bar standen äußerst zerbrechlich wirkende gelbe Stühle, sie waren lächerlich, nicht zum Sitzen gebaut, sie glichen einem Haufen verrückter Kanarienvögel, die man piepsen zu hören meinte, und Judejahn fühlte sich angezogen von dieser Bar, weil sie aus irgendeinem Grund zu dieser Stunde ohne Gäste war.*

Dieses Moment der Geschwindigkeit hängt nicht allein mit dem ständigen Wechsel der Personen, der Perspektive, zusammen, sondern es liegt auch in der die Dinge benennenden und bedeutenden Sprache. Sie hinterlässt den Eindruck, als sei der Autor mit den Figuren, ja mit den Dingen selbst im Gespräch, durch Rede und Gegenrede. Plastizität und Eigenständigkeit werden durch ungewöhnliche Adjektivkombinationen hergestellt, durch dialektale und umgangssprachliche Einfärbungen, durch poetische und dokumentarische Einschübe. Vor allem, und dies ganz besonders in *Der Tod in Rom,* ist es die Musikalität der Sprache mit ihren langen melodischen Stellen, die jäh von harten Stopps unterbrochen werden, von Stakkatosequenzen, die an Jazz erinnern. Dann wieder ein Aufbrausen, eine bombastische sprachliche Melodienfolge, die an Wagner denken lässt. Die immer wieder auch in der ersten Person erzählende Hauptfigur, Siegfried Pfaffrath, ist Tonsetzer und Kollege Adrian Leverkühns. Damals glaubte ich, vor allem die *Drei Männer im Feuerofen* von Stockhausen herauszuhören, ein Werk, das, wie ich jetzt beim Nachprüfen entdeckte, erst Jahre nach Erscheinen des Romans aufgeführt wurde. Gern hätte ich Koeppen gefragt, ob er Thelonious Monk hörte oder Coltrane, deren Musik ich in seinem Sprachrhythmus zu entdecken glaubte.

Es war aber nicht nur die Bewunderung für die Sprache und ihr Melos, sondern auch für diesen harten, unversöhnlichen Blick auf eine Gesellschaft, die sich wirtschaftlich und technisch restaurierte, in der die alten Amtsträger aus der Nazizeit wieder in Amt und Würden kamen, buchstäblich fortlebten, Spießer, Mitläufer und Mörder, piefig und monströs zugleich. Das Monströse war zu der Zeit durchaus noch auf der Straße anzutreffen, wie dieser saufende, vögelnde, apoplektische Judejahn, SS-General, Massenmörder an Juden, Russen und auch an den eigenen Leuten. Sein Vorbild war, so vermute ich, Himmlers Stellvertreter, der Obergruppenführer der SS, Karl Wolff, ab 1943 Befehlshaber der SS, der Polizei und der Wehrmacht in Italien. Ihm wurde erst 1962 der Prozess gemacht, nachdem er 1961 mit einer dreist beschönigenden Biografie aufgewartet hatte. Er war verantwortlich für die Deportation von 300 000 Juden in das Vernichtungslager Treblinka, wurde zu einer Freiheitsstrafe von fünfzehn Jahren (fünfzehn Jahre!) Zuchthaus verurteilt, erhielt aber schon nach sieben Jahren Haftverschonung. Es waren nicht nur solche Gespenster, die in der jungen und noch keineswegs gesicherten Demokratie der Bundesrepublik umgingen, sondern auch die noch immer in Amt und Würden arbeitenden Täter, die Richter, Politiker, Verwaltungsjuristen, Lehrer, Militärs und Wirtschaftsführer. Figuren, die wie Karikaturen aus den Zwanzigerjahren erschienen.

Viele Gestalten aus *Der Tod in Rom* erinnern an Bilder von George Grosz, wie Judejahn oder dessen nornenhafte Ehefrau Eva, wie der Bürgermeister Pfaffrath und dessen Sohn Dietrich. Der Kontrast ist das ästhetische Verfahren, in dem grelle Überzeichnungen mit fast idyllisch knappen Situationsbildern abwechseln, das Monströse dem Idyllischen gegenübergestellt wird, deutscher Provinzialismus dem römischen Leben, protestantische Askese dem genießenden Rom, Todessehnsucht gegen Lebenslust und Daseinsfreude. In einer Szene, die an Pasolinis *Accatone* erinnert, sucht und findet Siegfried Pfaffrath an der Engelsbrücke einen der Ragazzi di vita.

Dieser Siegfried Pfaffrath, Komponist und schwul, steht wie ein Gegenentwurf zu all den Angepassten, Duckmäusern, Tätern, er ist einer, der in seiner Kunst und in seiner Existenz die Gesellschaft infrage stellt. Noch immer war die Nachkriegsmentalität bestimmt vom kriegerischen Männlichkeitswahn, von Tapferkeit, Treue, von Mutterkreuzen für Gebärfreudigkeit, dem Blut- und Boden-Geraune, das auf den Stammbaum achtet und Nachkommenschaft will. Dem allen stellt Siegfried Pfaffrath sich entgegen.

Eine radikale Verweigerung.

Zum ersten Mal fand ich in der deutschen Literatur einen Schwulen, der nicht, wie in *Tod in Venedig,* für Vergeblichkeit und Entsagung steht, sondern ein Rebell ist. In der Zeit war Homosexualität noch strafbar,

Schwulsein galt als pervers, das *gesunde Volksempfinden* machte seine Witze, und nicht nur das, es gab immer wieder Übergriffe, Schläge, wo sich Homosexuelle offen zeigten. Hamburger Bürger zündeten eine Kneipe an, in der sich Homosexuelle trafen. Homosexualität wurde verschwiegen, verheimlicht. Das Bild der Schwulen war von einem Nichtwissen und Nichtwissenwollen bestimmt.

Am Braunschweig-Kolleg, wo ich mit einundzwanzig Jahren mein Abitur nachzuholen begann, war in einer anderen Klasse ein junger Mann, künstlerisch interessiert und begabt, der einmal Ägyptologie studieren wollte. In Ägypten hatte er als Praktikant bei einer Ausgrabung geholfen. Hin und wieder besuchte er mich in meinem Zimmer, brachte kleine Geschenke, Aufsätze, Bücher, las, was ich damals schrieb. Ich war zu der Zeit viel zu sehr mit mir selbst und mit meinen Freundinnen beschäftigt, um wahrzunehmen, was ich dann ein Jahr später, ich hatte mein Abitur bestanden und das Kolleg verlassen, erfuhr: dass er schwul war. Bekannt wurde es, als man ihn in seinem Zimmer aufgehängt fand. Darüber gesprochen hat er in seinem Abschiedsbrief. Er war solchermaßen isoliert, derart vom Verschweigen und Verstecken in Anspruch genommen, dass der Selbstmord zu einer Alternative wurde. Wie wenig wusste man – ich – von Schwulen.

Ein anderes, neues Verstehen eröffnete diese Figur des Siegfried Pfaffrath. Eine positive Figur, weil rebellisch, kreativ, mutig und doch voller Zweifel. Mit dem Wunsch nach einem anderen Leben, reicher, freier, spontaner. Nicht zufällig drängt es diesen Siegfried in den Süden, nach Italien, und später noch weiter, nach Nordafrika. Dort hofft er, dieses freie Leben zu finden. So wie Koeppen die Emotionalität Siegfried Pfaffraths beschreibt, wurde – und das ist eine durch Literatur gemachte Erfahrung – für mich verständlich, wie Sexualität nicht biologische Norm ist, sondern sich ausdifferenzieren kann, wie sie andere sinnliche Wahrnehmungsweisen ermöglicht, also auch ästhetisch ist, und wie ebendas gleichermaßen produktiv, weil nicht normativ sein kann. Zugleich ist es, auch das beschreibt Koeppen, eine prekäre Existenz.

So radikal die Kritik Koeppens an der Nachkriegsgesellschaft ist, so wenig finden sich in seinen Romanen Hinweise auf eine andere, bessere Gesellschaft. Auch nicht in dem Roman, der sich explizit mit Politik, mit dem Parlament und der Exekutive der Bundesrepublik auseinandersetzt, *Das Treibhaus.* Der Abgeordnete Keetenheuve hat kein Gegenmodell, keine Vision, wie denn eine andere, bessere Gesellschaft aussehen sollte. Das einzig Programmatische, was genannt wird, ist eine etwas freundlichere, modernere Architektur. Aber ansonsten gibt es keinen Entwurf für ein besseres Leben, vielmehr hat der Roman, wie auch die anderen beiden, eine dunkle Grundierung von Tod, ja sogar Todessehnsucht. Eine Sehnsucht, die Rita auch aus der Musik des Tonsetzers Pfaffrath herauszuhören glaubt. Tod und Sexualität, so ineinander verschränkt und aufeinander bezogen, sind das Grundthema der drei Romane und verhindern, dass sie als sozialpädagogische Traktate gelesen werden können, als gut gemeint, was nach Benns Diktum das Gegenteil von Kunst ist.

In *Das Treibhaus* nimmt sich Keetenheuve das Leben, am Schluss von *Tauben im Gras* sind die Todesschreie des englischen Dichters zu hören. In *Der Tod in Rom* erschießt Judejahn die Frau des Dirigenten und mit ihr wird die einzige harmonisch zu nennende Ehe in Koeppens Romanen zerstört. Judejahn stirbt an einem Schlaganfall, und Koeppen beschreibt diesen Tod in dem antiken Trümmerfeld mit geradezu mythischer Kraft. Allerdings steht diese Auslöschung des Monströsen nicht für den Neubeginn einer freundlicheren, spontaneren Gesellschaft, denn was nachkommt, was die sich herausbildende Bundesrepublik bestimmen wird, sind Figuren wie Siegfrieds Bruder. Ein Opportunist, ein auf wirtschaftlichen Erfolg, auf Effizienz ausgerichteter Charakter, der an der Macht partizipiert, geduckt sich anpasst und andere wiederum duckt. Die albtraumhaften Szenen der Wiedergänger aus der Nazizeit in *Der Tod in Rom,* die schwarzweiß wirkenden Filmszenen in *Tauben im Gras,* der eher spröde Diskurs über parteipolitische Macht und die Intrigen der Eliten in *Das Treibhaus,* sie alle erzählen von den Deformationen der deutschen Gesellschaft, die sich aus ihrer obrigkeitsstaatlichen Geschichte erklären.

Mit dem Roman *Der Tod in Rom,* also mit dem Tod Judejahns, schließt die Romantrilogie, die nicht als solche vom Autor angekündigt, möglicherweise nicht einmal so beabsichtigt war, sondern deren Dreiheit, auch mit ihren unterschiedlichen Schwerpunkten des Kognitiven (*Das Treibhaus*), des Visuellen (*Tauben im Gras*), des Auditiven (*Der Tod in Rom*), sich aus der Logik des Textes herausbildete. Wenn man den Satz von Hegel, was Philosophie sei, auf die Literatur anwendet, könnte man sagen: Koeppens Literatur ist seine Zeit in Sprache gefasst.

Nach dem Erscheinen von *Der Tod in Rom* wartete die literarische Öffentlichkeit auf den neuen Roman von Koeppen. Wartete von Jahr zu Jahr, vor allem der Verleger, der viel investiert hatte, aber, das muss vielleicht doch einmal gesagt werden, darüber nicht zum Sozialfall wurde. Alle zerbrachen sich den Kopf, woran es liegen könnte, dass der Autor nicht schrieb. Eine Schreibblockade? Angeblich schrieb er ja, aber es kam kein neuer Roman. Das war einer der literarischen Mythen, dieser nicht schreibende Koeppen.

Viele gaben dem komplizierten Verhältnis zu seiner Frau die Schuld für das Schreibversagen. Aber genau genommen war es ja nur ein Romanversagen, denn andere Texte, Reisebeschreibungen, Essays, Artikel schrieb er. Ich sah ihn einmal im italienischen Restaurant an der Tivoli-Brücke mit seiner Frau, und es war wie ein nicht vermeidbarer periskopischer Einblick in eine höchst problematische Beziehung. Man kann spekulieren, ob die Beziehung, von extremer Abstoßung und Anziehung geprägt, vielleicht die eigene Problematik, seine mögliche Homosexualität, gleichsam überdeckte. Aber ich denke nicht, dass sie – diese komplizierte Beziehung zueinander – ihn daran hinderte, den von ihm immer wieder angekündigten Roman zu schreiben. Eher ist es wohl so, dass ihm die Motivation verloren gegangen war, diese Empörung, die sich, wie man vermuten darf, auch darum so deutlich, so gewaltsam äußerte, weil Koeppen in der Nazizeit nicht entschieden als kritisch Handelnder aufgetreten war. Er hatte sich nicht einmal dem System verweigert, schrieb und publizierte weiter, wurde Mitglied der Reichsschrifttumskammer und unterschrieb Briefe mit »Heil Hitler«. Diesen Mangel an Entschiedenheit, an Widerstand spricht er in dem autobiografischen Buch *Jugend* recht deutlich aus, gerade weil er in der Zeit verharrt, die dem Buch den Namen gibt, der Jugend, diesem noch relativ schuldfreien Alter vor der Zeit, als er zu schreiben begann – Romane, Drehbücher –, und bevor er nach Holland ausreiste, dann aber seltsamerweise in das Dritte Reich zurückkehrte.

Ich vermute, gerade sein Versagen, das er auch als

solches empfunden haben muss, schärfte seinen Blick dafür, was sich nach 1945 wieder etablierte. Und die Schärfe seiner literarischen Kritik war für den Autor wie eine Festlegung, ein öffentliches Bekenntnis.

Für Koeppen war die Empörung der literarische Treibsatz. Dieser auch kalkuliert ästhetisch eingesetzte Furor verlor mit der sich festigenden Demokratie langsam an Kraft. Mehr noch, Mitte und Ende der Sechzigerjahre artikulierte sich die Empörung auf der Straße, in den Universitäten, in den Theatern und Medien. Die restaurative autoritäre Gesellschaft, die Wiederaufbaugesellschaft, das konservative Bürgertum wurden radikal infrage gestellt. Vielleicht ist der Satz so zu deuten, den er zu dem Interviewer Christian Linder sagte: *Ich lebe in einem Roman.* Ein Traum. Mag sein, es war der Schrecktraum seiner Ehe. Vielleicht aber auch der Traum, der sich in der Zeit artikulierte, in den Gruppen und Grüppchen, die den Strand unter dem Asphalt suchten, eine libertäre, anarchistische Bewegung, die all die autoritären, disziplinären Formen bekämpfte. Wobei nicht nur die bürgerliche Moral und das kapitalistische Wirtschaftssystem abgelehnt, sondern auch andere, emanzipierte Lebensformen, freiere, offenere Beziehungen gelebt wurden. Die konkrete Utopie, wie Herbert Marcuse es nannte. Lustgewinn war damals eine Forderung und gleichermaßen Solidarität. Beides sollte zusammengehören. Kein Glück ohne das Glück des anderen. Warum dann also noch schreiben? Koeppen sagt doch: *Schreiben ist ein Wünschen.*

Ich habe ihn dann noch in seiner Altbauwohnung, an der ich so oft bei den nächtlichen Spaziergängen vorbeigegangen war, gesprochen. Er war zu der Zeit schon bettlägerig, und wenig später sollte er in ein Pflegeheim umziehen. Eine weiträumige, verkramte Wohnung, auf dem Boden lagen Zeitungsbündel, Bücher, Bilder, im Gang standen Plakatrollen. Ich hatte im Suhrkamp Verlag angerufen, und man hatte mir ein Treffen vermittelt. Eine freundliche Frau, die sich um die geschäftlichen Dinge kümmerte, führte mich an sein Bett, wo er mit einigen Kissen im Rücken lag. Das Gespräch war mühsam, stockend und zerfahren. Das änderte sich erst, als die Frau eine Flasche Champagner brachte und ich mit ihm anstieß. Sein Gesicht rötete sich, er begann zu reden, erzählte von seiner Kindheit, von dem Augenblick, als er 1914 in Ortelsburg, die Schlacht bei Tannenberg war geschlagen, zum Bahnhof ging und dort im Salonwagen, in der Dunkelheit, den Kaiser beim Essen sah.

Und Rom? Wie war er auf Rom als Ort der Handlung gekommen? Er war zu einem Treffen der Gruppe 47 in der Nähe Roms gefahren und in Rom geblieben. Und Judejahn? Ich dachte bei dieser Frage natürlich an den SS-Obergruppenführer Wolff. Zigaretten, sagte er. Wieso Zigaretten? Er war die Spanische

Treppe hinuntergegangen, und jemandem waren Zigaretten aus der Schachtel gefallen. Ein anderer hatte draufgetreten, und sie zerplatzten regelrecht. Das war die Situation mit dem Mais, als Judejahn einen Jungen anstößt, ihm die Tüte mit den gerösteten Maiskörnern aus der Hand schlägt. Judejahn entschuldigt sich nicht, sondern seine Ungeschicklichkeit, seine Schuld, richtet sich aggressiv nach außen, gegen das Opfer. *Er hätte ihn prügeln mögen,* heißt es im Roman. Das hatte ich später nachgelesen. Es war ein merkwürdiges Gespräch, voller Sprünge und sonderlicher Wendungen und Details. Für viele Fragen war es zu spät. Ich hätte ihn damals, bei seinen Edeka-Einkäufen, einfach ansprechen müssen. Eine junge Frau erschien, eine gut aussehende, freundliche Frau, fast noch ein Mädchen, die jugoslawische Pflegerin. Sie setzte sich an sein Bett, gab ihm die Hand, die er von nun an hielt und streichelte. Wir tranken den Champagner, der gut gekühlt war, und, ich übertreibe nicht, so, wie er dalag, diese freundliche, ihm zugewandte junge, schöne Frau ihm nahe, dachte ich, jetzt ist er angekommen, er hat seine Arbeit getan, und dieser enorme Druck der Erwartungen, seiner eigenen und die der anderen, der literarischen Welt, das alles ist abgefallen. Jetzt, dachte ich, ist vielleicht sein Wunsch erfüllt, er muss nicht mehr schreiben.

Kunst und Handwerk

Rede zur Verleihung des Heinrich-Böll-Preises

Ich komme gern nach Köln. Das ist keine Preis-Entgegennahme-Floskel. Ich darf Ihnen meine Nähe zu dieser Stadt kurz begründen: Köln ist für mich eine nahrhafte Stadt. Ungefähr 70 Prozent meiner Honorare werden mir von hier überwiesen. Gelder, die vor allem von meinem Verlag Kiepenheuer & Witsch kommen, aber auch vom WDR, vom Freien Werkstatttheater und vom Bühnen- und Film-Verlag Hartmann und Stauffacher. Nun sind das keine mäzenatischen Zuwendungen, sondern Einnahmen aus geleisteter Autorenarbeit, die hier und dort, quer über die Bundesrepublik, anfallen. Ein geschäftlicher Transfer also, aber die entsprechenden DIN-A4-Umschläge, die diese gewisse Zufriedenheit auslösen, kommen aus Köln. Aus dem dahinterstehenden Arbeitszusammenhang sind über die Jahrzehnte Freundschaften erwachsen, die, und daran messe ich den Grad der Nähe zu einer Stadt, mir erlauben würden, jederzeit, auch nachts, freundliche Aufnahme zu finden. Nur drei Städte gewähren mir als Fremdem diese Offenheit: Hamburg, Berlin und Köln. In München bin ich zu Hause.

Es gibt aber noch einen biografischen Grund. Köln war die erste fremde Großstadt, die ich, in Hamburg aufgewachsen, kennenlernte. Mit sechzehn habe ich eine Radtour von Hamburg nach Köln gemacht. Warum gerade diese Stadt? Ich hatte einen Bericht über eine Ausgrabung in der Kölner Innenstadt gelesen. Im Keller eines Hauses hatte man die Fundamente einer römischen Bäckerei entdeckt. Es galt, einen Freund zu überreden, der lieber an einen dänischen Ostseestrand fahren wollte. Ausführlich und in glühenden Farben schilderte ich ihm diese Ausgrabung, die ich gar nicht kannte. Ich will Ihnen nichts von der Fahrradtour erzählen, dem Regen, dem Zelten, den kühlen Nächten, nur so viel: Wir kamen nach Köln, sahen den Dom, standen da, staunten. Dann fragten wir in aller Naivität, wo denn diese Ausgrabung sei. Das Überraschende war, die Einwohner wussten nicht, wo, sagten, es gebe mehrere. Dem Anschein nach überall. Durchweg freundliche Antworten, verwundert, meist mit einem Blick auf die an den Rädern hängenden Militärspaten, die wir brauchten, um eine Regenrinne um das Zelt zu graben, Zelte, die damals noch keinen Gummiboden hatten. Wir fragten weiter. Passanten fragten Passanten. Hilfsbereit, fanden wir, waren die Kölner, freundlich. Schließlich kamen wir zu einer Stelle, wo in einem Haus ein römisches Fundament ausgegraben wurde. Vielleicht war es das Haus an der Ehrenstraße, wo ich heute manchmal Kaffee trinke. Ich weiß es nicht mehr, jedenfalls arbeiteten in dem Haus Archäologen, dort wurde tatsächlich gegraben, und der Grabungsleiter sagte, wir dürften einmal hineingehen, und dann, mit einem Blick auf das Fahrradgepäck, aber die Spaten müssten draußen bleiben. Unten war es dunkel, und zu sehen war auch nicht viel. Ein paar Ziegelmauern, das war alles.

Die Stadt ist mir, wie Sie merken, vertraut, und zu dieser Vertrautheit hat auch das Werk von Heinrich Böll beigetragen. Seine Erzählung *Wo warst du, Adam?* habe ich mit siebzehn gelesen, fortan begleitete mich Böll, gemeinsam mit anderen Autoren, Arno Schmidt, Günter Grass, Martin Walser. Eine Zeit, in der das Lesen noch der lustvollen Selbstfindung galt. Ein paar Jahre später, ich war einundzwanzig und holte gerade das Abitur nach, habe ich den Roman *Billard um halbzehn* gelesen, und zwar nun schon mit dem Blick auf das Gemachte, auf die Konstruktion, auf die Erzähltechnik, die der Lesende, also ich, der sich als künftiger Autor verstand, zu entschlüsseln suchte.

Böll lässt in diesem Roman die Hauptfigur, den Architekten Heinrich Fähmel, der immerhin eine berühmte Klosteranlage gebaut hat, sagen, er sei kein Künstler, sondern Handwerker. Das soll, so können wir es lesen, nicht nur für die Architektur, sondern auch für andere Künste gelten. Kunst und Handwerk, kein Gespann, sondern ein merkwürdig auseinanderdriftendes Paar, was die ästhetische Wertigkeit angeht, gerade in Deutschland, das, merkwürdig genug, als Heimstatt einer außerordentlichen handwerklichen Tradition, gerade diese so gering schätzt. Es schwingt darin immer noch die Vorstellung Platons mit, dass die Handarbeit den Ideen so viel ferner sei als das geistige Schaffen.

Böll betonte für sich als Schriftsteller das Handwerkliche, setzte es ab von dem raunend Schöpferischen, wie es beispielsweise Gottfried Benn beschwor: *Das archaisch erweiterte, hyperämisch sich entladende Ich, dem scheint das Dichterische ganz verbunden.* Der Unterschied ist vor allem einer des Selbstverständnisses, ob der Autor sich als Seher versteht oder seine Arbeit eher nüchtern handwerklich betrachtet. Selbstverständlich gibt es diesen dunklen Trieb, gibt es Leid und Verzweiflung, denen die Notwendigkeit zu schreiben entspringt. Die Inspiration, die Eingebung, der Einfall, wie immer man das nennen mag, was dann in der sprachlichen Bearbeitung Form werden muss, Ausdruck, Literatur. Das ist bei Böll recht gut zu studieren, in seinen Briefen, die er in den Kriegsjahren an seine Frau und an die Eltern geschrieben hat, taucht in den Berichten über die Front und den Kasernenalltag immer wieder ein, oft zwischen zwei Kommata gesetztes oder am Satzanfang stehendes Ach auf. Für dieses Ach und Aber-Ach, für das wortlose Leid und die Wut, muss sodann eine fiktionale Form gefunden werden, in der die Erfahrungen des schreibenden Selbst in ein anderes fiktionales Selbst transponiert werden. Erst durch diese ästhetische Distanz wird Selbsterfahrung für den Schreibenden wie für den Lesenden möglich und als solche auch genießbar, sie bleibt nicht bloße Klage. Bölls Briefe lesen sich wie eine manische Vorarbeit auf das literarische Schreiben. Mich interessierte damals, wie heute, besonders das Handwerkliche und weniger, warum einer schreibt, eine Frage, die nur psychopathologische oder feierlich verquaste Antworten finden kann. Hingegen scheint mir die Frage nach dem, wie etwas geschrieben ist, nach der Wortwahl, der Tonalität, der Syntax, überprüfbar. Es ist die Frage nach dem Handwerklichen, das, was auch den Kürschner, den Pianisten, den Chirurgen zum Künstler werden lassen kann. Pfuscher finden sich überall, übrigens auch bei den Kritikern. Wie aber entsteht das Mehr, das, was über das nur Solide hinausführt? Durch Übung, durch Wiederholung, durch Genauigkeit, das ist die Basis, aber ganz entscheidend dann: durch Abwandlung, Neufindung, Kombinatorik. Die Literatur zeichnet im Gegensatz zu diesen praktischen Tätigkeiten noch ein Überschuss aus, eine von Leser und Zeit abhängige Mehrdeutigkeit, die sie transzendiert und ihr Dauer verleiht.

Zurück zu *Billard um halbzehn*. Die Protagonisten kommen, anders als jene aus den früheren Erzählungen und Romanen Bölls, nicht aus dem grauen, matten, oft muffigen Milieu des Kleinbürgertums und gehören nicht zu den Randständigen der Nachkriegsgesellschaft. In *Billard um halbzehn* steht eine gutbürgerliche Architektenfamilie im Mittelpunkt. Die Gegenwartshandlung spielt im Jahr 1958, am achtzigsten Geburtstag des Architekten Heinrich Fähmel. Dessen Leben und das seiner Familie wird in inneren und äußeren Monologen erzählt, erlebte Rede und Beschreibung lösen einander ab, ein schroffer Wechsel der Perspektiven, der Schauplätze und Zeiten, in denen eine Vielzahl von Personen aus unterschiedlichen sozialen Schichten auftreten. Wobei heute auch das Chronistische beeindruckt, also das, was von der Zeit, der Stimmung erzählt wird, vom sogenannten Wiederaufbau, dem Wirtschaftswunder.

Böll hat ein Erzählverfahren gewählt, das der Arbeit eines Archäologen vergleichbar ist: eine literarische Grabungsarbeit. Von der Gegenwart der jungen Bonner Republik, das Datum wird exakt genannt, der 6. September 1958, arbeitet er sich durch die verschiedenen Zeitschichten, von der Nachkriegszeit durch die Zeit des Faschismus, durch die Weimarer Republik, bis hin zur Monarchie. Die Schichten werden auf ihr gesellschaftliches Ferment, auf ihre Sprache und Mentalität hin untersucht. Die feinen Unterschiede werden aufgespürt, aber auch die Grundhaltung: die Bereitwilligkeit dieser bürgerlichen, katholischen

Gesellschaft mit der Gewaltherrschaft der Nazis zu paktieren, trotz aller Belesenheit, allem künstlerischen Geschmack, dem praktizierten Glauben, den guten Manieren. Diesem zivilen Kanon fehlte eine entscheidende Tugend: der Ungehorsam gegenüber der Obrigkeit.

Widerständig ist bei Böll nur der kleine Geheimbund der Lämmer, dessen Mitglieder, man denkt an die *Weiße Rose,* sich gegen die Staatsmacht, gegen die Nazis stellen, ihr Leben riskieren und schließlich auch ermordet werden.

Zu den Widerständigen gehört auch die Frau des Architekten, die, wie es bei Böll heißt, *mit den Juden gehen wollte.* Diese Form einer ursprünglichen, man könnte sagen *natürlichen,* Solidarität ist in jener Zeit derart ungewöhnlich und gefährlich, dass der Mann, dieser bedeutende Architekt, seine Frau, um sie zu schützen, in eine private Nervenklinik einweisen lässt. Ebendiese inzwischen alte Frau verübt am Schluss des Romans ein Attentat auf einen Minister – wie gesagt, wir befinden uns im Jahr 1958 –, der sich aus wahltaktischen Gründen bei einem rechtsradikalen Kampfbund anbiedert. Eine andere, kompromisslose Figur ist der Sohn, Robert Fähmel, von Beruf Statiker und Sprengspezialist, der das von seinem Vater erbaute Kloster in den letzten Kriegstagen hatte sprengen lassen. Das Erstaunliche ist, wie Böll diese Figur anlegt. Wir erahnen, ohne dass es explizit gesagt wird, aus welch wildem Hass dieser Vernichtungswille kommt, der nicht nur das Kloster, sondern auch die alten Gebäude der Stadt abräumen möchte. Ein Hass auf diese in die Gegenwart hineinwirkende Vergangenheit, eine Gewaltbereitschaft gegen Sachen, die vom Vergangenen kontaminiert sind, ein symbolischer Protest gegen die Gesellschaft, in der immer noch die Verantwortlichen des Gewaltsystems in Amt und Würden sind, dieselben Personen, die für den Tod der Widerständigen verantwortlich waren. Böll hat in dieser Figur des Robert eine Haltung vorweggenommen, die ein Jahrzehnt später in den Diskussionen der Protestbewegung virulent wurde. Was der Text implizit in sich trägt, ist das *Noch-nicht-Eingelöste,* ein Defizit an Demokratie, die Dominanz des Ökonomischen, unter dessen Gesetze Menschen subsumiert werden. Böll hatte ein Gespür für die Gefährdung der jungen Demokratie.

Noch gab es die kleinen Nazis in den Schulen und Ämtern und die großen in den Ministerien, Universitäten und Länderparlamenten. Auch wenn sie sich liberal gaben und manchmal ihren Namen geändert hatten. Noch herrschte ein autoritäres Denken vor. Wobei wir heute sagen können, dass gerade Böll mit seinen Arbeiten, den Romanen, Erzählungen, Satiren, Essays, Artikeln und Reden wie kein anderer Schriftsteller dazu beigetragen hat, diese Republik zu verändern, sie demokratischer werden zu lassen durch seinen beständigen Kampf gegen anmaßende Herrschaftsstrukturen. Böll hat mit seinem Auftreten, bis hin zu dieser ruhigen, im rheinischen Tonfall gehaltenen Stimme, die mich übrigens noch heute beim Lesen als eine ferne körperliche Erinnerung an ihn begleitet, Böll hat zu diesem Wandel in der deutschen Mentalität beigetragen, nicht Gehorsam, Pflichterfüllung, In-den-Dienst-Treten, sondern Verweigerung, Lob des Unangepassten, des zivilen Ungehorsams.

Dieser so sanfte Böll muss eine ganz erstaunliche Wut in sich getragen haben. Wir wissen, mit welchen Mächtigen er sich angelegt hat – allein der Kampf mit der Springer-Presse, die daraus folgenden Diffamierungen und infamen Verdächtigungen. Eine anarchische Wut war in diesem Mann, die sich gegen alles richtete, was das Individuum beschneidet, eingrenzt und zu beherrschen sucht. Etwas von dieser langen Wut liegt in Figuren wie der Katharina Blum, dem Roland Fähmel und der alten Frau Johanna Fähmel. Und etwas Prophetisches ist in diesem Roman, *Billard um halbzehn,* wenn man an die Radikalisierung der Protestbewegung denkt, die erst zehn Jahre nach dem Erscheinen des Romans einsetzte und aus diesem von Böll so genau beobachteten bürgerlichen Milieu erwuchs. Es blieb einerseits den überkommenen autoritären Strukturen verpflichtet und brachte auf der anderen Seite einen radikalen Moralismus hervor, der in der Ohnmacht seines Protestes schließlich sogar den Terror bejahte. Was im Extrem dann dazu führte, nicht nur Gewalt gegen Sachen, sondern auch gegen Menschen gutzuheißen, was Böll entschieden abgelehnt hat.

Das für mich ganz Erstaunliche war jetzt beim Wiederlesen, wie genau Böll das erspürte, was noch nicht in die Geschichte eingetreten war, wie die Gefährdung des Einzelnen und des Gemeinwesens durch die Fortdauer struktureller Gewalt dargestellt ist und damit verstehbar, also auch kritisierbar wird.

Meine Vorstellung beim Neulesen des Romans war die eines archäologisches Hineingrabens in die deutsche Geschichte, in die Geschichte einer Stadt, unter deren Pflaster, unter deren Häusern, unter vielen Schichten noch die Zeugnisse römischer Herrschaft und Kultur liegen, worauf Böll in dem Roman übrigens mit dem Motiv der römischen Kindergräber anspielt.

Die literarische Konstruktion hingegen erinnert an Architektur, die ja auch ein Motiv des Romans ist, eine genau kalkulierte Statik des Erzählens, das die Handlung trägt und zugleich komplizierte Ausformungen, Verästelungen, Filigranwerk zulässt, es erinnert mich, auch wenn das weit hergeholt ist, an den Augenblick, als ich vor mehr als fünfzig Jahren mit dem Fahrrad hierherkam, über die Rheinbrücke fuhr und die Türme des Doms sah, den ich, als ich dann davorstand, bestaunte, den ich heute, komme ich in die Stadt, besuche, und jedes Mal wieder bewundere ich diese große Kunst, die im Handwerklichen liegt.

Den *Zauberberg* neu lesen

Für Jutta Kosjek

Habent sua fata libelli heißt es, was Goethe sehr schön mit *Auch Bücher haben ihr Erlebtes* übersetzt hat. Das Erlebte bezieht sich ja nicht nur auf das Buch, sondern ebenso auf dessen Lektüre.

Im Mai 1963, das Abitur war eben bestanden, kam ich nach München, und damit fing das Reich der Freiheit an. Mit diesem Gefühl begann ich das Studium der Philosophie und der deutschen Literatur. Alles, las ich das Verzeichnis der Veranstaltungen, schien verlockend, und so belegte ich philosophische, theologische, medizinische, literaturwissenschaftliche Vorlesungen. Ein Hineinhören auch in sich, was heutige Studenten, seit der Bologna-Reform mit all ihren Modulen und Prüfungen, nicht mehr so leicht werden erleben können. Zu dieser Freiheit gehörte auch, dass ich jeden Tag nach dem Mensaessen in der nahe gelegenen Präsenzbücherei gute zwei Stunden den Roman *Der Zauberberg* las; nicht für das Studium, ich habe nie ein Thomas-Mann-Seminar besucht, sondern für mich. Nach den *Buddenbrooks* und dem *Doktor Faustus* lag es nahe, zu diesem Roman zu greifen, und erst während der Lektüre wurde mir die Ähnlichkeit zwischen dem Bildungserlebnis des Helden Hans Castorp und meiner Situation bewusst. Draußen zog der Sommer vorbei, es wurde Herbst, und das Buch war ausgelesen. Der Eindruck, nein die Faszination, die von der Lektüre ausging, ist bis heute geblieben, so sehr hatte mich dieser Text berührt, dessen Held in das abgeschiedene Sanatorium mit all den skurrilen Personen kommt und dort mit seiner Neugier und dem Bemühen, sich zu bilden, verweilt, wobei eine Frau, Madame Chauchat, seine Aufmerksamkeit auf sich zieht. Die mich bewegende Frage, zugegeben eine juvenile, aber daher umso dringlichere, die durchaus an Literatur gestellt werden darf, war: Kommt Hans Castorp dieser Russin, der Madame Chauchat, nahe, und wenn ja, wie? Es sind Leseerwartungen, wie sie naiver, aber auch kräftiger und ursprünglicher nicht sein könnten, und dass der Roman ebendiese Erwartungen weckt, ist eine seiner Stärken, trotz der langatmigen philosophisch-geschichtlichen Diskussionen zwischen den zwei Pädagogen Settembrini und Naphta. Der Roman handelt eben nicht nur vom Begehren, sondern denkt diskursiv über Tod, Leben, Liebe, Gesellschaft, Staat, Freiheit und Geschichte nach. Auch das gehörte zum intensiven Leseerlebnis des Dreiundzwanzigjährigen.

Allein das einmal nachzuprüfen, ob und wie sich diese emotionale und kognitive Faszination vor fast fünfzig Jahren aus heutiger Sicht darstellt, war ein Grund, den *Zauberberg* jetzt wieder zu lesen. Wobei es ein schöner

Zufall will, dass vor 100 Jahren Thomas Mann seine Frau in Davos besucht hat, was Anlass für den Roman werden sollte. Und vor 98 Jahren hat Thomas Mann zum ersten Mal einige Bruchstücke aus dem im Entstehen begriffenen Werk in Augsburg vorgelesen. Der damals dreiundzwanzigjährige Brecht war Zeuge und hat in einer Besprechung recht witzig von einem *Guerillakrieg der Lungenkranken gegen den Tod* geschrieben.

Natürlich habe ich mich gefragt, ob noch etwas zu diesem Roman gesagt werden kann, was nicht schon längst gesagt worden ist, in all den Büchern und Aufsätzen über Krankheit, Zeit, Eros und Thanatos, über die Bedeutung der Zigarren, über des Weibes Wonne und über die Gebirgswelt, über Psychoanalyse und Parapsychologie, über den Einfluss von Schopenhauer, Nietzsche und Richard Wagner auf diesen Roman. Auch Hans Christian Andersen hat im *Zauberberg* seine Spuren hinterlassen. Michael Maar hat sie entdeckt und in seinem Buch *Geister und Kunst* verfolgt.

Wurde nicht schon jeder Stein zweimal umgedreht? Passt überhaupt noch etwas hinein in die literaturwissenschaftliche Botanisiertrommel?

Mein jugendliches Interesse richtete sich, wie gesagt, auf das Begehren der Hauptfigur, des Hans Castorp, ein Interesse, das, wie man sich leicht vorstellen kann, im eigenen Erleben und Wünschen gründete und eine faszinierte Anteilnahme hervorrief, in der sich der Leser, ich mich selbst befragte. Das Begehren ist das bestimmende Movens zumindest der ersten Hälfte des Romans. In der Forschung, soweit ich sie überblicke, ist das, was sich in der Erotik und Sexualität abspielt, ein wenig schamhaft hinter den Begriffen *Liebe* und *Menschlichkeit* und *Gesittung* versteckt worden. Wobei wir wissen, Liebe ist ein sehr unscharfer Begriff, man kann Gott, die Frau und den Hund lieben, seine Arbeit, den Sport, den Wein. Es ist ein missbrauchtes, inzwischen leeres Wort. Ich will versuchen, weitgehend ohne es auszukommen, obwohl das Wort *Liebe* im *Zauberberg* sehr häufig gebraucht wird, während *das Begehren* als Wort, wenn ich richtig gelesen habe, nur ein Mal vorkommt.

Wir wissen aus Thomas Manns Briefen, dass er sich nach dem Besuch in Davos, wo seine Frau 1912 in einem Sanatorium Heilung gesucht hatte, mit dem Gedanken trug, ein *Satyrspiel,* ein *groteskes* Gegenstück zu der *novellistischen Tragödie der Entwürdigung,* zu schreiben. Mit der *novellistischen Entwürdigung* war *Der Tod in Venedig* gemeint. Der Ausgangspunkt sollte recht ähnlich sein. So wie der Schriftsteller Aschenbach in *Der Tod in Venedig* spontan zu einer Reise an die Adria aufbricht, entschließt sich der angehende Schiffsbauingenieur Hans Castorp, für drei Wochen nach Davos zu fahren, um dort seinen in einem Sanatorium Heilung suchenden Vetter Joachim Ziemßen einen Besuch abzustatten.

Hans Castorp trifft, wie Thomas Mann bei dem Besuch seiner Frau, auf eine höchst skurrile Ansammlung von Menschen, die, abgesondert vom Alltag und freigestellt vom Gelderwerb – es ist eine sozial privilegierte Schicht –, damit beschäftigt sind, ihre Krankheit zu leben. Die Situation erlaubt es, Idiosynkrasien zu pflegen.

Thomas Mann beginnt 1913 mit der Arbeit. In Briefen spricht er bald von einer *Novelle,* die *tüchtig lang* werde, dann von einer *Erzählung,* dann taucht erstmals die Gattungsbezeichnung *Roman* auf, dann heißt es wieder *größere Erzählung,* dann *kleiner Roman.* Der Stoff sucht im Schreibprozess buchstäblich seine Form.

1915, im zweiten Kriegsjahr, wird das Schreiben zugunsten einer anderen großen Arbeit unterbrochen. Thomas Mann lässt sich einen Soldatenbart wachsen und arbeitet an der Heimatfont an dem vaterländisch politischen Stoff *Betrachtungen eines Unpolitischen.* Die deutsche Kriegsführung wird darin von Thomas Mann gerechtfertigt, die deutschen Tugenden werden gelobt: Die Demut, das Dienen, der Gehorsam, der Krieg werden als eine Veredelung des Menschen im Angesicht des Todes heroisiert, abgelehnt wird eine weitere Demokratisierung in Deutschland, gewünscht wird ein Volksstaat, der weder den westlichen Demokratien noch dem Sozialismus des Ostens gleichen soll. Deutschland soll eine Sonderstellung einnehmen. Die deutsche Mitte. Das ist, so habe ich das Buch in

Erinnerung, ein nationales Gedröhn, und es muss hier erwähnt werden, weil es den Schreibprozess an dem *Zauberberg* unterbrochen hat.

Kaum waren *Die Betrachtungen eines Unpolitischen* veröffentlicht, da war der Krieg verloren und die Weimarer Republik ausgerufen.

Thomas Mann beginnt, seine Haltung zu überdenken. Dieser ihn nun beschäftigende Prozess der Revision seiner deutschnationalen Position hin zu einer demokratischen Gesellschaftsordnung in der westlichen, also der englischen und amerikanischen Tradition, geht in die Schreibüberlegungen ein, als er 1918 die Arbeit an dem *Zauberberg* wiederaufnimmt. Das Werk trägt diesen Bruch, diese veränderte Interessennahme vom Lustspielhaften hin zum Weltpolitisch-Tragischen, in sich, und der zweite Teil des Romans mit seinen gesellschaftlichen, geistesgeschichtlichen Reflexionen, seinen Erörterungen über Staat, Demokratie, über Zivilisation und Kultur, über Liebe und Tod, hat denn auch das ursprüngliche *Satyrspiel* überlagert, zumindest in der Rezeption, die ihre Gewichtung eher am zweiten Teil ausrichtete. Wird von Liebe geredet, steht gleich das Thanatos-Eros-Motiv im Zentrum der Überlegungen und nicht das Begehren, die Verführung und Sexualität in ihren vieldeutigen, spielerischen Variationen.

Thomas Mann, von dem wir wissen, wie genau er Motive einführt und fortführt, hat die Eingangsszene im Sanatorium geradezu bühnenmäßig gestaltet: An dem Morgen nach seiner Ankunft im Sanatorium rasiert sich der korrekte, brave Hanseat Hans Castorp vor dem Spiegel und wird Zeuge eines munteren Treibens im Nebenzimmer: ein Gekicher, ein Jagen um die Möbel herum, ein Klatschen und Küssen. Und dann hört Hans Castorp das, was er, wie Thomas Mann schreibt, aus Schamhaftigkeit, aus Scheu, aus Wahrheitsunlust und sogar aus Duckmäuserei nicht hören will: ... *plötzlich errötete er unter seinem Puder, denn was er deutlich hatte kommen sehen, war gekommen und das Spiel nun ohne allen Zweifel ins Tierische übergegangen. Herrgott, Donnerwetter! dachte er, indem er sich abwandte, um mit absichtlich geräuschvollen Bewegungen seine Toilette zu beenden. Nun, es sind Eheleute, in Gottes Namen, soweit ist die Sache in Ordnung. Aber am hellen Morgen, das ist doch stark.*

Wir dürfen, wir müssen der Bewertung entnehmen, dass es in Castorps Hamburger Kreisen etwas stiller und nur bei Dunkelheit so zugeht, werden aber im Verlauf des Romans erfahren, dass Thomas Mann dem braven Hans Castorp eine Entwicklung zuteilwerden lässt, die das *Tierische* ein wenig ins Natürlich-Menschliche rücken wird.

Zunächst aber werden die Personen und Statisten, die in dem Esssaal des Sanatoriums wie auf einer Bühne agieren, vorgestellt. Krankenhäuser wie Sanatorien zeichnen sich dadurch aus, dass die dortigen Bekanntschaften nicht selbst gewählte, sondern dem

Zufall überlassene sind. Die Krankheit führt die Menschen zusammen. Man kann den Protagonisten nicht entgehen, trifft sie bei Tisch, im Garten und auf den Gängen. Von Katja Mann wissen wir, dass einige der Figuren den Vorbildern recht nahekommen.

Da ist die prätentiöse Frau Stöhr, die so bildungsbeflissen wie fatal Fremdwörter verdreht und sich damit brüstet, achtundzwanzig verschiedene Fischsoßen kochen zu können, worüber Hans Castorp vergisst, sein Stück Pumpernickel zu Ende zu kauen. Die sprechenden Namen – Frau Stöhr, Frau Iltis – verraten uns schon Eigenschaften, das trifft auch auf Herrn Albin zu, der mit dem Revolver und der Drohung herumfuchtelt, sich zu erschießen. Die schnellfüßige Zwergin, die als Bedienung arbeitet, Herr Settembrini in *weiten, hellgelblich karierten Hosen,* so sind sie alle versammelt, treten auf und treten ab, die Russen am guten und am schlechten Russentisch, dort, wo auch das Paar mit seinen lauten Paarungsspielen sitzt.

Was beim Wiederlesen auffällt, ist, wie stark die Personen als Ideenträger gezeichnet werden: Joachim Ziemßen, der Soldat, der den Dienst, die Pflicht, die Haltung verkörpert. Sein Begehren richtet sich auf Marusja, diese lachende, lustige, hochbusige Frau am Nachbartisch. Jedoch – ganz Haltung, Dezenz, Anstand – spricht Ziemßen erst kurz vor seinem Tod mit ihr über seine Gefühle.

Der freundlich burschikose Hofrath Behrens, der

ärztliche Direktor des Sanatoriums, witzig und jovial, redet im Jargon der Verbindungsstudenten unsentimental und flapsig über Tod und Krankheit. *Der geht heute Nachmittag ad penatem.*

Der Republikaner und Humanist Settembrini, in seinen *karierten Beinkleidern, einen Zahnstocher zwischen den Lippen,* ist ein überzeugter Anhänger von Fortschritt und Zivilisation. Der kleine, hässliche, philosophisch dialektisch gebildete Jesuit Naphta steht für die terroristische Logik gedanklicher und gesellschaftlicher Ordnungssysteme. Und schwarz gekleidet, mit Wollsocken in Sandalen, tritt der schwarzbärtige Assistenzarzt Dr. Krokowski auf, zuständig für das Irrationale, für das Unbewusste und für die Parapsychologie.

Diese Typisierung, die sich bis in die Namen hinein erstreckt – bei Herrn Wehsal wissen wir, was uns erwartet –, wäre im Großen wie im Kleinen schnell ermüdend und im Fortlauf nur schwer erträglich, gelänge es Thomas Mann nicht, mit eben dieser Typisierung zu spielen, sie uns als solche erkennen zu lassen, um sie sodann durch Witz und Brechungen zu variieren. Es ist die Erwartung des nächsten Auftritts und der nächsten Dummheit von Frau Stöhr, die auf dieser Bühne wie ein Pickelhering agiert.

In dieser Gesellschaft der Kranken beginnt Hans Castorp, ohne es zu ahnen, sich für die nächsten sieben Jahre einzurichten. Laut und klirrend fällt bei den

Mahlzeiten eine Glastür zu. Das wiederholt sich einige Male, bis der darüber irritierte Hans Castorp die so lässliche Person entdeckt, *natürlich ein Frauenzimmer!* Und flüchtig bemerkte er, *daß sie breite Backenknochen und schmale Augen hatte … Eine vage Erinnerung an irgendetwas und irgendwen berührte ihn leicht und vorübergehend, als er das sah…*

Das ist der Auftritt von Madame Chauchat, und die von Thomas Mann gesetzten drei Pünktchen hinter *als er das sah* … deuten auf Vorsprachliches, noch Unbewusstes, das in weiterer Handlung zu klären sein wird.

Erstaunlich, auch jetzt beim Wiederlesen, ist, wie sehr das Erzählen nicht nur illustrierend vorgeht, sondern immer wieder funktionalisiert und dadurch in seiner Bedeutung erweitert wird.

Die folgende Passage habe ich in meinem Exemplar mit *Satz* gekennzeichnet. Das sind für mich solche Sätze, die syntaktisch und sprachlich aus dem Sprachduktus herausragen und nicht nur der Handlung dienen, sondern ein Mehr an Bedeutung entfalten. Es sind in sich kleine stimmige Satzkunstwerke, die mehr als das, was nur der Information und Beschreibung dient, transportieren.

Wir sehen mit Thomas Mann durch Hans Castorps Augen, der Schiffsbauingenieur werden will, den Hamburger Hafen, und selten ist er besser beschrieben worden. Hier also der Satz: *Er sah (und hier lag ja später sein besonderes Interessengebiet) das Gewimmel der Werften, sah die Mammutleiber gedockter Asien- und Afrikafahrer, turmhoch, Kiel und Propeller entblößt, von baumdicken Streben gestützt, in ihrer monströsen Unbehilflichkeit auf dem Trockenen, bedeckt mit zwerghaften Heeren scheuernder, hämmernder, tünchender Arbeiter;* … Der Satz geht – es wäre sonst keiner von Thomas Mann – noch weiter.

Sie ahnen, was mich als Hamburger fasziniert an dieser Beschreibung, die beim Wiederlesen noch einen anderen Verweisungszusammenhang öffnet, denn die Docks sind ja die Krankenbetten der Schiffe und dieser entblößte Kiel hat nicht erst seit Rimbauds *Le Bateau ivre* eine sexuelle Konnotation. Vor allem aber ist es der Satzbau. Die zwei parallelen Hauptsätze, die Apposition – *turmhoch* –, die das Verhältnis zwischen Gegenstand und Betrachter markiert, dann die Details der Mammutleiber, das Bild von deren monströser Unbeholfenheit, und zum Schluss noch einmal die Betonung der Größe durch die *zwergenhaften Heere* der Arbeiter, präzisiert durch eine partizipiale Dreierreihung, die in Verbindung mit den Mammutleibern, an denen sie sich zu schaffen machen, wiederum eine medizinische Konnotation bekommen.

Castorp hat sich das Fachbuch *Steamships* mit ins Gebirge genommen, eine dieser kleinen ironischen Volten, aber zum Lesen kommt er nicht, derart abgelenkt ist er von seiner neuen Umgebung, von seiner wohligen Mattigkeit, dem strukturierten Tageslauf, der zwischen Essen, Ruhen und abermals Essen kaum Zeit für berufliche Weiterbildung lässt.

An seine Profession wird Castrop von Settembrini, dem Vertreter des Realitätsprinzips, gemahnt, er drängt ihn geradezu, sofort abzureisen: »… *wenn Sie darauf verzichteten, hier älter zu werden, kurz, wenn Sie noch heute Nacht wieder aufpackten und sich morgen mit den fahrplanmäßigen Schnellzügen auf- und davonmachten?«*

»Sie meinen, ich sollte abreisen?« fragte Hans Castorp … «Wo ich gerade erst angekommen bin? Aber nein, wie will ich denn urteilen nach dem ersten Tage!«

In dem Moment fällt sein Blick in das Nebenzimmer, wo er Madame Chauchat von vorn sieht, ihre schmalen Augen und breiten Backenknochen. *Woran, dachte er, woran und an wen in aller Welt erinnert sie mich nur.?*

Hans Castorp reist nicht ab, der Zauber, wenn wir das so dramatisch sagen dürfen, hat gewirkt.

Was sich als Ouvertüre mit dem Dreiklang der zugeworfenen Tür angekündigt hat, der Hörigkeit, ist nun der Anblick dieser Frau. Sie zieht die akustische Aufmerksamkeit auf sich, wegen dieses unachtsamen Türenwerfens, wegen des Zuspätkommens, wegen der schleichenden Schritte, der lässigen Haltung, der verschleierten Stimme, wegen des schlaffen Dasitzens, wegen des rötlich blonden zu einem Zopf gebundenen Haars, aus dem sich aber immer wieder eine Strähne löst, die mit der Hand geordnet werden muss, wegen ihrer weichen, gleichsam *knochenlosen* Sprache, dem Russischen.

Sie ist ein Gegenentwurf zu der Haltung der beiden Cousins, zu deren hanseatischer Korrektheit, der Pflichterfüllung, der Ordnung, all dem, was bei dem Vetter Ziemßen, der so dringlich Offizier werden will, zum Ausdruck kommt.

Der Moment, in dem Castorp Madame Chauchat in die Augen blickt, entfaltet eine Wirkung, die Roland Barthes als bestimmend für Liebe auf den ersten Blick hält, die Hypnose. War es vorher Neugierde, Gespanntheit auf die sich so anders gebende Frau, diese *schleichende Kirgisin,* so wandelt sich diese Gestimmtheit nun in Begehren. Das ganz Eigentümliche ist, wie Thomas Mann dieses Begehren beschreibt, wie er das zum Movens des ersten bis zum fünften Kapitel reichenden Teils des Romans macht. Denn das Bild der Person, die das auslöst, scheint uns in die Seele eingeschrieben zu sein, wobei wir dieses *eingeschrieben* durchaus wörtlich nehmen dürfen, kommt doch in dieser so fein komponierten Geschichte einem Bleistift eine besondere Bedeutung zu.

Es ist diese Eigentümlichkeit der Erinnerung, dass sie uns durch Assoziationen zu jenem Bereich führt, den der amerikanische Psychologe Daniel Kahnemann das *System 1* nennt, in der die Gründe der Wünsche und Sehnsüchte zu suchen sind. Noch ist die emotionale Unruhe nicht im Bewusstsein, dem *System 2,* abrufbar, sondern muss erst durch einen Traum verstärkt werden. Hans Castorp träumt, er sei auf dem Schulhof und im Begriff, sich von Madame Chauchat einen Bleistift zu leihen, einen silbernen Crayon, den sie ihm überlässt, wobei sie ihn zugleich mit ihrer angenehm heiseren Stimme ermahnt, ihr den Stift nach der Stunde wiederzugeben. Im Traum öffnet sich das Wunschpotenzial, Madame Chauchat reicht ihm die Hand zum Kuss, aber nicht den Handrücken, sondern das *Innere,* und er küsst sie in die Hand: *Da durchdrang ihn wieder von Kopf bis Fuß jenes Gefühl von wüster Süßigkeit, das in ihm aufgestiegen war, als er zur Probe sich des Druckes der Ehre ledig gefühlt und die bodenlosen Vorteile der Schande genossen hatte, – dies empfand er nun wieder in seinem Traum, nur ungeheuer viel stärker.*

Erst später, auf einer Wanderung durch die Berge, als Castorp erschöpft und mit Nasenbluten an einem Bachlauf liegt, führt ihn ein Tagtraum dorthin, wohin die drei Auslassungspunkte beim Anblick der Augen von Madame Chauchat ihn wiesen, zu Přibislav Hippe, dem etwas älteren Jungen auf dem Schulhof, den Hans Castorp bewundert, nein kindlich begehrt hat. Ein Satz, in dem sich die anteilnehmende Beobachtung in der geschmeidig gegliederten Syntax mit drei Gedankenstrichen spiegelt. *Aber seine Augen, blaugrau oder graublau von Farbe – es war eine etwas unbestimmte und mehrdeutige Farbe, die Farbe etwa eines fernen Gebirges –, zeigten einen eigentümlichen, schmalen und genaugenommen so-*

gar etwas schiefen Schnitt, und gleich darunter saßen die Backenknochen, vortretend und stark ausgeprägt – eine Gesichtsbildung, die in seinem Falle durchaus nicht entstellend, sondern sogar recht ansprechend wirkte, die aber genügt hatte, ihm bei seinen Kameraden den Spitznamen »der Kirgise« einzutragen.

Wenig später heißt es: *Wie merkwürdig ähnlich er ihr sah, – dieser hier oben!*

Darauf spielt Thomas Mann an, wenn er Hans Castorp hinter Madame Chauchat sitzend, dem Vortrag über Krankheit und Liebe von Doktor Krokowski lauschend, über sich selbst und über diese Frau nachdenken lässt: *Denn daß ein Mann sich für eine kranke Frau interessierte, dabei war doch entschieden nicht mehr Vernunft, als … nun, als seinerzeit bei Hans Castorps stillem Interesse für Přibislav Hippe gewesen war. Ein dummer Vergleich, eine etwas peinliche Erinnerung. Aber sie hatte sich ungerufen und ohne sein Zutun eingestellt.*

Dieses Begehren ist nicht auf die Funktion der Fortpflanzung ausgerichtet, es ist zweckfrei, also die reine Lust. Der durchschnittliche Held Hans Castorp – und *durchschnittlich* heißt nichts anderes als normal – wird hier mit der Nichtnormalität sexueller Wünsche konfrontiert, erfährt diese an sich selbst. Wir dürfen annehmen, dass die zu Thomas Manns Lebenszeit gehütete Problematik seiner Homo- oder Bisexualität hier fiktionalisiert zur Sprache kommt, ein Begehren, das sich sowohl auf den Mann wie auf die Frau richten kann. In der Fiktionalität wird ausgesprochen, was die

Wirklichkeit verschweigt. Und es ist, anders als in der Novelle *Der Tod in Venedig,* von der Thomas Mann noch als von einer *novellistische(n) Tragödie der Entwürdigung* spricht, eine durchaus lustvolle Deviation, ein, wie die Anfangsplanung sagt, *humoristisches Gegenstück.* Es geht, vielleicht dürfen wir es so deuten, um ein Freischreiben von dem Problem der – wie es Thomas Mann etwas trocken-steif bezeichnet – *Geschlechtlichkeit.*

Zu Anfang des Studiums hatte ich vor dem *Zauberberg Die Wahlverwandtschaften* gelesen. Der Wunsch, einer der von Goethe beschriebenen Frauen, der weisen Charlotte, der engelhaften Ottilie, im fiktiven Raum zu begegnen, hatte sich bei der Lektüre nicht eingestellt. Ganz anders bei der freisinnigen Madame Chauchat. Sie hat mich, das darf ich hier sagen, über die Lektüre hinaus beschäftigt. Ich weiß, das sind spätpubertäre Anwandlungen, unwissenschaftlich, aber höchst erhellend, da sie dem Leser etwas von seinem eigenen Begehren verraten, es ihm eigentlich erst recht bewusst machen. Ja, ich wäre ihr gern begegnet. Und dieses Begegnen meint die Wunschvorstellung, die, wie Carl von Savigny sagt, *unser Innerstes durchdringe und so als Teil von uns selbst und somit frei ins Leben trete.* In der deutschen Literatur ist Madame Chauchat eine der wenigen Frauengestalten mit einer erstaunlichen emotionalen Anmutung, vergleichbar nur einigen Figuren aus den Romanen von Fontane, etwa der Gräfin Melusine aus dem *Stechlin.*

Erwartungsgemäß ist Clawdia Chauchat auch Opfer neugieriger Interpreten geworden. Zahlreich sind die Mutmaßungen, welche reale Person für diese schöne Russin das Vorbild gewesen sein könnte. Besonders kurios ist die Vermutung eines sehr sittentreuen Germanisten, der meinte, es sei Frau Katja gewesen. Andere lüstern literaturwissenschaftliche Recherchen richteten sich auf den Namen. Sicherlich ist die Assoziation zu chaude chat, sprich: heiße Katze, bei dem schleichenden Gang von Madame nicht zufällig. In ihrer von ihr selbst betonten Freiheitsliebe mag sie ein wenig unheimlich für viele der braven deutschen Interpreten gewesen sein. Da wurde, es ist noch nicht allzu lange her, gern das Slawische, das Asiatische als das sinnlich Verführerische, was Thomas Mann ja auch nahelegt, zur Erklärung bemüht. Sicherlich sind auch viele mythologische Anspielungen mit dieser Figur verbunden, Venus aus Wagners *Tannhäuser,* Persephone, Lilith und Kirke, die Settembrini nennt, der mit seinem Zahnstocher zwischen den Zähnen das Realitätsprinzip in dem Roman hochhält. Clawdia Chauchat dagegen vertritt ganz ausdrücklich das Lustprinzip. Übrigens auch die Absage an eine bürgerlich spießige Moral. Man soll, sagt sie in der auf Französisch geführten Unterhaltung mit Hans Castorp, die Moral nicht in Zucht, Vernunft, Sitten suchen, sondern in ihrem Gegenteil: … *in der Sünde, in der Hingabe an die Gefahr, an all das, was*

Schaden und Verderben bringt, an all das, was uns vernichten, verschlingen will.

Wundert es, dass diese Radikalität der Emotionen ungleich stärker das Interesse des Lesers, der ich damals war, geweckt hat und wie ein Zuspruch verstanden werden konnte, etwas zu wagen, sich selbst auszuliefern, mit sich zu experimentieren und das Begehren ernst zu nehmen? Das Begehren, und wir meinen damit das, was auf den anderen, eine ganz bestimmte konkrete Person zielt, hat, wie gesagt, etwas Juveniles, es verliert im Alter und mit dem Alter etwas von seiner Kraft. Zum Begehren gehört der Horizont des Zeitlichen, es ist auf Zukunft gerichtet, trägt in sich den Wunsch nach Erfüllung, nach Liebe und nach Geliebtwerden, und zwar als der, der man ist, mit all seinen Zweifeln, Fehlern und dunklen Wünschen. Es ist der Wunsch, nicht im Selbst gefangen zu bleiben. Thomas Mann lässt Clawdia Chauchat diesen schönen Satz sagen: *Leidenschaft, das ist Selbstvergessenheit.*

Der disziplinierte, im wahren Sinn gutbürgerliche Aschenbach folgt seinem Begehren, und der ihn leitende Autor Thomas Mann beschreibt den Weg in die Entwürdigung, lässt ihn als geschminkten, gefärbten Greis enden – rücksichtslos, peinlich durch diese Peinlichkeit und Schamlosigkeit brutal infrage gestellt, und doch führt ihn gerade das zu sich und aus sich heraus. Eine Befreiung, die im Tod endet.

Bei Hans Castorp hingegen, dem jungen Mann, den der Pädagogus Settembrini ein unbeschriebenes Blatt nennt, ist die Entdeckung seiner Sehnsüchte und Wünsche eher naiv-komisch; wie er dieser Frau folgt, sie beobachtet, über sie Informationen sammelt, lustvoll in einem Zwiegespräch mit seiner Tischnachbarin, einem älteren Fräulein, das sein Interesse bemerkt hat, worauf es mit durchaus homoerotischer Konnotation von dieser Madame Chauchat zu schwärmen beginnt, während Castorp sich einer gleichgültigen Haltung zu befleißigen sucht.

Hans Castorp hört Clawdia Chauchat reden, mit einer *angenehm verschleierten* Stimme. Miteinander gesprochen haben sie bis dahin noch nicht, abgesehen von ein paar Begrüßungsworten. Erst muss sein Begehren, will er sich ihr nähern, eine angemessene Sprache finden. Innerhalb der sprachlichen Konventionen lässt sich, so sein Empfinden, ihr nicht sagen, was zu sagen wäre. Castorp hat sich vorgenommen, sie zu duzen, so wie er Přibislav Hippe geduzt hat. Als Leser ist man gespannt, wie das bei den herrschenden gesellschaftlichen Förmlichkeiten erreicht werden kann. Thomas Mann hat dafür die Situation einer Faschingsfeier gefunden. *Walpurgisnacht* ist das Kapitel überschrieben, und damit wird – auch von Settembrini mit ausgewiesenen Zitaten – auf die Szene in Goethes *Faust* hingewiesen. Die Patienten haben sich verkleidet. Die dumme Frau Stöhr erscheint als Putzfrau mit Besen und Eimer, tanzt auf diesem Hexensabbat sogar mit ihrem Besen.

In diesem bunten Treiben endlich kann Hans Castorp die Begehrte, die einen Papierdreispitz trägt, ansprechen. Hofrat Behrens zelebriert einen Faschingsscherz, mit geschlossenen Augen zeichnet er ein Schweinchen. Was Behrens recht gut, aber all den anderen Patienten nicht gelingen will. Der Bleistift – wir müssen hier nicht Sigmund Freud bemühen – ist schon recht abgenutzt, und Castorp blickt sich nach einem anderen Bleistift um. Er hat bereits fünf Gläschen getrunken, was zur Überwindung der Distanz beiträgt, und spricht die Begehrte an, benutzt tatsächlich das Du mit dem Hinweis auf den Faschingsbrauch. Er fragt die in einem dunklen die Arme frei lassenden Kleid dastehende Madame: *Hast du nicht vielleicht einen Bleistift?*

Hans Castorp sagt das keineswegs souverän oder kumpelhaft, sondern bleich und schauderhaft erregt. *Die im Papierdreispitz betrachtete ihn von oben bis unten mit einem Lächeln, worin keinerlei Mitleid, keinerlei Besorgnis angesichts der Verwüstung seines Äußeren zu erkennen war. Dies Geschlecht kennt ein solches Mitleid und eine solche Besorgnis überhaupt nicht vor den Schrecken der Leidenschaft – eines Elementes, ihm offenbar viel vertrauter als dem Mann, der von Natur keineswegs darin zu Hause ist und den es nie ohne Spott und Schadenfreude darin begrüßt.*

Thomas Mann lässt sie in ihrem Ledertäschchen kramen – wie langweilig, wenn sie den Stift einfach herausnähme – und den silbernen Crayon hervorholen, *ein Galanteriesächelchen, zu ernsthafter Tätigkeit kaum zu gebrauchen. Der Bleistift von damals, der erste, war handlich-rechtschaffender gewesen.* Sie erklärt ihm, *indem ihre Köpfe sich darüber neigten,* die Mechanik des Stifts. Es kommt jetzt aber nicht mehr zum Zeichnen des Schweinchens, es geht nur noch darum, das nachzuzeichnen, was sein Begehren ist, in einem Gespräch mit einem sich steigernden Geständnis, das von ihr durch leicht ironische Fragen und Antworten gesteuert wird.

Klein, aber dein, sagte er, Stirn an Stirn mit ihr, auf den Stift hinunter mit unbewegten Lippen und folglich unter Auslassung des Labiallautes.

»Oh, auch witzig bist du«, antwortete sie mit kurzem Lachen …

Es ist der Augenblick der Bewährung, der tollkühne Versuch der Verführung, um das Begehren an sein Ziel zu bringen. Thomas Mann hat daraus eine der schönsten Liebesszenen der deutschen Literatur gemacht, paradoxerweise auf Französisch. Eine ironische Brechung – das Liebesgeständnis wählt sich die Sprache, die nicht nur von der literarischen Tradition her mit Verführung verbunden wird. Ein Spiel mit dem Klischee, das in dieser Szene aufhört, eines zu sein. Ich habe neidvoll gestaunt über die Konstruktion und über die Französischkenntnisse von Thomas Mann, auch wenn er sich ein wenig von Bruno Frank hat helfen lassen.

Gestisch dirigiert Hans Castorp die Chauchat durch den Trubel in eine geschützte Zimmerecke. *Er zog einen Stuhl – es war ein sogenannter Triumphstuhl, mit Holzrahmen und einer Plüschbespannung – für Frau Chauchat an den Ort, den er vorher pantomimisch bezeichnet hatte, und eignete sich selbst einen knisternden, krachenden Korbstuhl mit gerollten Armlehnen an, auf den er sich zu ihr setzte, gegen sie vorgebeugt, die Arme auf den Lehnen, ihr Crayon in den Händen, die Füße weit unter dem Stuhl. Sie ihrerseits lag allzu tief in dem Plüschgehänge, ihre Knie waren emporgehoben, doch schlug sie trotzdem das eine über das andere und ließ ihren Fuß in der Höhe wippen, dessen Knöchel über dem Rande des schwarzen Lackschuhs von der ebenfalls schwarzen Seide des Strumpfes überspannt wurde.*

Man muss schon sehr eingetrocknet sein, um nicht das verführerische Arrangement, in das Thomas Mann die beiden bringt, wahrzunehmen: diese wunderbare Wortfindung, Plüschgehänge, die Knie emporgehoben, das Wippen des Fußes, die schwarze Seide des Strumpfes. Gibt es einen Triumphstuhl? Man muss im Grimmschen Wörterbuch nachschlagen, ja, es ist ein Prunksessel. Hans Castorp in dem knisternden Korbstuhl sitzend, während der Unterhaltung, die zur Liebeserklärung wird, wie Castorp in dem inzwischen leeren Festsaal redet und redet, vor ihr, Clawdia Chauchat, ein Bein beugt, mit einem Knie schon am Boden, doch immer noch im knisternden Korbsessel, ja auch das ist in der Sprache reflektiert, es knistert zwischen den beiden, wie er dann vom Korbstuhl rutscht und nun vor ihr kniend, den Crayon wie einen Zauberstab in Händen, einen Hymnus auf den menschlichen Körper anstimmt, dessen Vorlage, ich bin mir ziemlich sicher, Walt Whitman mit seinem Gedicht *Leaves of Grass* war, eine sprachliche Feier, von Thomas Mann ironisch gebrochen durch die eingeflochtenen Begriffe aus der Anatomie, mit der sich Castorp beschäftigt hat, sich nun dem Sexuellen nähert, doppelt kodiert in einer wissenschaftlichen und in einer fremden Sprache: *Oh, Göttliche, laß mich den Duft atmen, den die Haut deiner Kniescheibe ausströmt, unter der eine sinnreiche Kapsel ihr geschmeidiges Öl absondert! Laß mich hingegeben mit meinem Mund die Arteria femoralis berühren, die am Ursprung deines Schenkels pulst und die sich abwärts in die beiden Arterien des Schienbeins ergießt!* Nichts mehr vom *Tierischen* des Anfangs, vom *Nicht-Hinhören- und Nicht-Hinsehen-Wollen,* sondern da wird so wunderbar komisch wie hymnisch der Cunnilingus angekündigt, wahrscheinlich der erste in der deutschen Literatur beschriebene, allerdings auf Französisch, wie der Vorgang denn auch genannt wurde und wird.

Wie explizit der Text ist, fiel mir erst jetzt auf, als ich anfing, über das Begehren zu schreiben.

Die Liebesnacht wird zwischen dem fünften und sechsten Kapitel ausgespart. Aber wir wissen, dass Castorp der Einladung von Clawdia gefolgt ist, sie auf ihrem Zimmer besucht hat und die beiden einen Blick und mehr in ihr jeweils Inneres getan haben. Nun tragen sie die kleine Röntgenplatte des anderen, die sie in der Nacht gegen die eigene ausgetauscht haben, bei sich. … *Clawdias Innenportrait, das ohne Antlitz war, aber das zarte Gebein ihres Oberkörpers, von den weichen Formen des Fleisches licht und geisterhaft umgeben, nebst den Organen der Brusthöhle erkennen ließ* … Und wieder führen uns drei Pünktchen ins Sprachlose. Das, was war, ist, wie es in der Umgangssprache heißt, ganz unbeschreiblich.

So wunderbar dezent ist das inszeniert. Wir erinnern an den Traum gut zweihundert Seiten vorher, in dem sie ihm ihre Hand hinhält, damit Castorp ihr *ins Innere küsst.* Dezent, aber eben auch so deutlich, hat der große Thomas das niedergeschrieben.

Thomas Mann lässt die Frau, das ist die Konstruktion, am nächsten Tag abreisen. Daher stellt sich die Frage nicht, was wäre gewesen, wenn Hans und Clawdia sich am nächsten Tag beim Frühstück wiedergesehen hätten? Eine Zukunft hätte die Beziehung im Sinne der bürgerlichen Ordnung nicht gehabt, eine Ehe, eine Familie scheiden aus, es sei denn als eine im Urteil der Hamburger Gesellschaft *ménage scandaleuse.* Wie hätte sich diese Beziehung weiterentwickelt? Ein offenes Ende, wie es die moderne amerikanische Literatur entwickelte, kennt Thomas Mann nicht.

Also bleibt Hans Castorp zurück und wartet, und mit ihm der Leser, auf die Rückkunft von Clawdia

Chauchat, gute dreihundert Seiten lang. Dann taucht sie wieder auf, in Begleitung eines Mannes, Mynheer Peeperkorns, eines reichen holländischen Plantagenbesitzers, und mit ihm, dem Silen, hebt noch einmal das Satyrspiel an. Silen ist keineswegs von mir gewaltsam in die Figur hineininterpretiert, es finden sich ganz deutliche Hinweise. Dieser große Mengen Rotwein, Sekt, Likör und Genever in sich hineinschüttende Peeperkorn wird von Thomas Mann in einer Situation gezeigt, die mit einem Bild von Rubens korrespondiert, das, da in der Alten Pinakothek hängend, Thomas Mann gekannt haben dürfte. Nach der Ankunft von Peeperkorn beginnt in dem Sanatorium ein bacchanalisches Treiben, ein exzessives Essen und Trinken bis in die Nacht hinein, bis Peeperkorn Madame Chauchat und Hans Castorp auffordet, ihn auf dem Weg zu seinem Lager zu begleiten. *So waren sie seinem schweren Körper beim Aufkommen vom Stuhle behilflich, boten ihm ihre Arme dar, und eingehängt in beide trat er breitbeinig, das mächtige Haupt auf eine seiner hochgezogenen Schultern geneigt und bald den einen, bald den anderen seiner Führer durch Schwankungen seines Schritts zur Seite drängend, den Weg zur Ruhe an.*

Ich war in meiner jugendlichen Lektüre ein wenig enttäuscht, wie gelassen sich Hans Castorp in sein Schicksal fügte, eine Enttäuschung, die Thomas Mann auch Frau Chauchat empfinden lässt. Heute hingegen sehe ich diese wunderbare, von Thomas Mann geschaffene, hinterlistige Auflösung – einerseits, wie die beiden Männer sich verbünden und wie sich dann andererseits Madame Chauchat mit Hans Castorp zusammentut – zum Wohle Peeperkorns. Wir wollen nicht gleich von einer Ménage-à-trois reden (obwohl Peeperkorn von *unserer* Geliebten redet), aber von einem zwar emotional gesteuerten, doch vernünftigen Arrangement. Es kommt zu keiner Katastrophe, keinem Duell, es wird alles eher hanseatisch korrekt gelöst, wird ins Menschliche überführt, das *Mähnschliche,* wie Clawdia Chauaut sagt, das Gesittete.

Zu einem solcherart domestizierten Begehren passt Eifersucht nicht. Und in einer der zentralen Stellen des Romans erzählt uns Thomas Mann dann auch, wie dieses Begehren aufgehoben, ja übertragen wird auf die Freundschaft. Das Begehren geht über ins Reich des Vertrauten. Und diese Vertrautheit ist eine menschliche Qualität, weil sie sozial ausgereift, nicht mehr auf den Einzelnen fixiert ist. Hans Castorp und Clawdia Chauchat reden über Mynheer Peeperkorn. *»Man hat«, sagt sie, »viel Sorge mit ihm, du weißt«,* und sie ist aus dem Sie wieder in das Du zurückgekehrt, *»viele Schwierigkeiten …«* Wer kennt das nicht, eine Vertrautheit, die durch Sprache, durch ein gemeinsames Reden in Nähe übergeht, eine körperliche Erinnerung, denn es heißt weiter: *Sie hatte seine Hand genommen und spielte unbewusst mit ihren Gelenken, blickte aber plötzlich mit zusammengezogenen Brauen auf und fragte:*

»Halt! Ist es nicht gemein, dass wir über ihn sprechen, wie wir das tun?«

»Gewiß nicht, Clawdia. Nein, weit entfernt. Es ist gewiß nicht mehr als menschlich! Du liebst das Wort, du dehnst es so schwärmerisch, ich habe es immer mit Interesse aus deinem Munde gehört.«

Eine dieser Situationen, die mich damals derart beeindruckt haben, dass ich sie über die Jahre sogar in Sprachteilen in Erinnerung behalten habe und die beim Wiederlesen sich abermals in dieser Intensität zeigte, ist das Picknick, das Mynheer Peeperkorn an dem Wasserfall ausrichten lässt. Auf der Fahrt dorthin sitzt Hans Castorp mit Herrn Wehsal aus Mannheim zusammen in der Kutsche. Ich sagte schon, der Name verrät viel, denn Herr Wehsal ist ebenfalls in Madame Chauchat verliebt, und Thomas Mann lässt ihn über die Hoffnungslosigkeit seines Begehrens reden, jemand, der sich selbst nicht mag und dann auch noch weiß, die Begehrte verabscheut ihn. Diese Hoffnungslosigkeit wird von Wehsal auf masochistische Weise zum wehleidigen Selbstgenuss gesteigert, geht dabei aber auf den Kern des Begehrens ein: diesen Wunsch nach Nähe, körperlicher Nähe, die, wie er sagt, *Fleischesbegierde.* Die aber ist an eine bestimmte Person gebunden. *»Mich verlangt doch nicht bloß nach ihrem Körperrumpf und nach der Fleischpuppe ihres Leibes, sondern wenn in ihrem Angesicht auch nur ein kleines Etwas anders gestaltet wäre, siehe, so verlangte mich's möglicherweise nach ihrem gan-*

zen Leibe gar nicht, und daher so zeiget sich's, daß ich ihre Seele liebe, und daß ich sie mit der Seele liebe. Denn die Liebe zum Angesicht ist Seelenliebe …«

Ausgerechnet den wehseligen Wehsal lässt Thomas Mann aussprechen, was das zentrale Moment des Begehrens ist, das im Anblick des anderen – des Bestimmten, Besonderen – erwacht. Ein Bild, das man wie eine platonische Idee in sich trägt. Das ist das Wunderbare an dem Roman, dass er uns von dieser – ja sollen wir sagen rätselhaften – Fixierung erzählt und sie lustvoll zur Sprache bringt.

In unserem Alltag öffnet sich diese dunkle Kammer des wunschhaften Bildes ein wenig, wenn das Gespräch auf Filmschauspieler kommt. Es ist der Small Talk in gesellschaftlicher Runde, für wen man schwärmt oder einmal geschwärmt hat, mit der tieferen Bedeutung, sich selbst ein wenig Klarheit zu verschaffen, im Abwehren: Ach du liebe Zeit, DiCaprio, dieser Bubi mit der kurzen Nase, also nee. Überhaupt nicht mein Typ. Dann doch eher Robert De Niro.

Solche Ausflüge ins Reich der Trivialmythen sind uns hier erlaubt, denn der große Thomas hat sie auch gemacht. Das ist Teil seines sprachlichen und gedanklichen Reichtums.

Das Fest des Dionysos, das am Wasserfall gefeiert wird mit reichlichen Speisen und Wein, ist zugleich ein Abschied. Peeperkorn hält eine Ansprache, wahrscheinlich ein Hymnus auf die Kraft der Natur, auf die Sinne, die Sinneslust, die Gewalt der Gefühle, die Gewalt der Natur, so wie er zuvor zu Hans Castorp gesprochen hat: *»Das Leben – junger Mann – es ist ein Weib, ein hingespreitet Weib, mit dicht beieinander quellenden Brüsten und großer, weißer Bauchfläche zwischen den ausladenden Hüften, mit schmalen Armen und schwellenden Schenkeln und halbgeschlossenen Augen, das in herrlicher, höhnischer Herausforderung unsere höchste Inständigkeit beansprucht, alle Spannkraft unsrer Manneslust, die vor ihm besteht oder zuschanden wird, – zuschanden, junger Mann, begreifen Sie, was das hieße?* (…) *Schmach und Entehrung sind gelinde Worte für diesen Ruin und Bankrott, für diese grauenhafte Blamage. Sie ist das Ende, die höllische Verzweiflung, der Weltuntergang …«*

Es ist eine der beeindruckenden Szenen in diesem Roman, dass die Worte, die Botschaft dieser, wie es heißt, *gewaltigen Persönlichkeit* – und *Person* kommt von *personare,* hindurchtönen – im Rauschen des Wasserfalls gar nicht zu hören sind. Ein komisch titanisches Versagen, dem die Erfahrung der Hinfälligkeit, auch der Impotenz, zugrundeliegt. Allein die bedeutende Gestik und das so oft gehörte, jetzt nur am Mund abzulesende *Perfekt* und *Erledigt* können von der Gesellschaft gedeutet werden. *Man sah sein Haupt sich schräge neigen, zerrissene Bitternis der Lippen, das Bild des Schmerzenmannes.*

Seine Selbsttötung mittels eines kunstvollen, einem Schlangenkopf nachgebildeten kleinen Apparats, dessen Zähne das tödliche Gift in den Körper injizieren, ist eine spektakuläre Rückführung, die auf den Mythos verweist. Und damit ist das Satyrspiel an sein Ende gekommen.

In einem letzten Gespräch, nach dem Tode Mynheer Peeperkorns, fragt Madame Chauchat, ob Hans Castorp Peeperkorn von, wie sie es nennt, ihrer Torheit erzählt habe. *»Es war mir nicht möglich, sie ihm abzustreiten, Clawdia. Er hatte sie erraten aus meiner Weigerung, Sie in seiner Gegenwart auf die Stirn zu küssen. Seine Gegenwart ist eher symbolisch als real in diesem Augenblick, aber wollen Sie mir erlauben, es jetzt zu tun?«*

Das ist der letzte Satz zwischen den beiden. Und ein Kuss auf die Stirn. Die Erinnerung an die Torheit. Und die Rückkehr zur Distanz und damit zum Sie, Hans Castorp siezt sie zum ersten und wohl letzten Mal. Mit Madame Chauchat verschwindet auch das Begehren aus dem Roman, und es beginnt, wie Thomas Mann den nächsten Abschnitt überschreibt: *Der große Stumpfsinn.*

Und das Ende? Wir wissen, der Weltkrieg bricht aus, der das Schreiben an dieser Novelle einmal unterbrochen hatte und nach dessen Ende Thomas Mann die Arbeit wiederaufgenommen hat, mit verändertem Blick und neuen Erfahrungen, um sie zu einem 1200-Seiten-Roman anwachsen zu lassen. Hans Castorp verlässt den Zauberberg, um sich als Kriegsfreiwilliger zu melden, und Thomas Mann entzieht ihn unseren Augen während eines Sturmangriffs. Eine der großen Szenen in der deutschen Literatur, dieser Abgesang. Wahrscheinlich wird unser Sorgenkind sterben. Einer von Millionen. Wir wissen, das Satyrspiel ist Teil der Tragödie, und für beide gilt als Schluss der Exodus.

Auch darum steht von Thomas Mann als Letztes dieses: *Finis.*

Schreiben lernen

Kann man Schreiben lernen? Ja, durch Übung. Kann man das literarische Schreiben lernen? Literaturkritiker, zumindest hier in Deutschland, sagen meist Nein. Das liegt an der deutschen romantischen Tradition, diese Vorstellung vom Dichter, der eine Begabung in sich trägt, die auch unter widrigsten Umständen, wie im Fall Hebbel, ihren Weg zum Ausdruck findet. Ich höre noch Professor Kunisch in der Aula der Universität München unter dem Goldmosaik von Helios rufen, *der Dichter ist geschlagen, das heilige Feuer muss auf ihn kommen.* Hölderlin war geschlagen. Benn auch. Brecht weniger. Döblin gar nicht. Nüchterner gesagt, ist es die Frage nach der Begabung. Die lässt sich allein vom literarischen Text beantworten. Wie ist er gestaltet, wie ist die Sprache organisiert, wurde eine besondere, eigene Sprache gefunden? Auch die Wahl des Themas – Formalisten wollen das nicht wahrhaben – hat ihre ästhetische Bedeutung. Und dann: Ist es richtig und gut? Nicht alles, was in der Sprache richtig ist, muss auch literarisch gut sein. Camus erzählt in dem Roman *Die Pest* von einem Mann, der einen Roman schreiben will, aber über den ersten Satz nicht hinauskommt, da er ihn immer wieder um- und umschreibt. *An einem schönen Morgen im Mai ritt eine elegante Amazone auf einer herrlichen Fuchsstute durch die blühenden Alleen des Bois de Boulogne.* An dem Satz ist alles richtig, auch im Französischen, und doch alles falsch. Er ist vollgestopft mit Klischees. Von diesem ersten Satz weiß man, das Buch muss man nicht lesen. Er ist eine Parodie auf einen Romananfang und eine raffiniert von Camus eingeschleuste Anspielung – denn schon Valéry hatte auf ähnliche Weise einen Romananfang parodiert.

Dagegen dieser erste Satz der Erzählung *Nachtmantel* aus dem Band *Einer bleibt übrig, damit er berichte* von dem großen, stillen Christoph Meckel: *Als er anfing zu sterben, verließ er die Wohnung, dritter Hinterhof, zweiter Stock, verschloss die Tür mit dem einzigen Schlüssel und warf ihn durch die Briefklappe in den Flur.*

In einer drängenden Knappheit, eingeleitet durch den temporalen Nebensatz, unterbrochen durch zwei Appositionen über den sozialen Hintergrund des Wohnens, wird in drei gereihten Hauptsätzen die Abgeschlossenheit einer Existenz beschrieben und zugleich infrage gestellt. Wieso dieses *anfing zu sterben?* Eine Krankheit? Der Entschluss zur Selbsttötung? Flucht? Dieses *anfing zu sterben* ist sprachlich überraschend, weil unüblich. Gedrängt steht dem finiten Verb *anfangen* das infinite *sterben* gegenüber. Eine Lakonie als Ausdruck für das Unfassliche, für das Sterben. Warum ist dieser Satz gut? Nach einem naturwissenschaftlichen Wahrheitsmodell kann man seine Qualität nicht beweisen. Falsifikation und Verifikation erfassen das Phänomen der literarischen Wahrheit nicht. Es ist nur selbst wieder in Sprache zu beschreiben, was sprachlich gelungen oder nicht gelungen ist. So ist denn auch das, was die Normsprache vorschreibt, in der Literatur oft geradezu ein Verstoß. Gemessen daran wäre ihre Qualität ablesbar an dem Falschen. Das meint nicht falsche Orthografie, Syntax, Interpunktion, sondern diese winzige Verschiebung von dem Erwartbaren. Eine Verstörung in der Sprache. Und der *Nachtmantel* erzählt von der Verstörung eines Mannes.

Ich habe das Schreiben 1946, es gab kein Papier und keine Schiefertafeln, mittels kleiner Buchstabenplättchen gelernt. Dieses Zusammen- und wieder Auseinanderschieben hatte etwas Spielerisches, Konstruktives und zugleich Dinghaftes. Nicht zu vergleichen mit Schreibübungen, die mittels eines Griffels oder Bleistifts wie durch die Verlängerung der Hand gemacht werden. Vielleicht ist diese aus der Not geborene Methode schuld daran, dass ich immer wieder beim Konstruieren stutzte. Warum zum Beispiel schreibt sich der Schwan mit einem a und nicht mit zwei, da er doch zwei Flügel hat.

Selbstverständlich ist es töricht, so zu fragen. Die Zeichen sind arbiträr. In der kindlichen Wahrnehmung zeigte sich jedoch jener Taumel vor dem Abgrund, den der Widerstreit zwischen der Sprache und der Dingwelt auslöst. Das Gedachte und Gefühlte, das Erlebte und Erinnerte sollen in abstrakte Zeichen überführt werden. Das Erlernen des Sprechens geschieht durch die langsame, spielerisch korrigierte Übung. Alphabetisierung hingegen ist Arbeit. Etwas, was einem nicht zufällt, und etwas, was, jedenfalls für mich, sich immer wieder infrage stellt, durch ebendiese Distanz, das Nichtselbstverständliche von Sprache und Schreiben. Das Erlernen des Alphabets, der Grammatik, der Regel, die auch Ausnahmen kennt, ist einfach Teil des Handwerks des Schreibens. Auch Goethe war einmal Lehrling. Zu jedem Handwerk gehört dieser lange Prozess des Übens. Nicht zufällig wird, wer das Schreiben mühevoll gelernt hat, möglicherweise später nicht mehr schreiben, oder aber er wird es, wie zum Trotz, zu seinem Beruf machen, also Schriftsteller, Journalist oder Literaturwissenschaftler werden. Deren Arbeit kennt dann wiederum die Qual der Suche nach dem richtigen Wort, dem Satz, Absatz, damit gesagt werden kann, es ist gut.

Wie Sprache aufgeraut oder geschmeidig wird, das lernt sich nicht von allein, sondern, wie im Handwerk, durch Anleitung des Lehrers oder des Meisters.

Ich habe ein altes Handwerk gelernt, das heute fast ausgestorben ist: die Kürschnerei. Wie die Felle sortiert wurden, nach Farbe, nach Rauche, wie sie kompliziert zusammengeschnitten, ausgelassen, genäht wurden, wie schadhafte Stücke ersetzt wurden, all das war zu lernen, es ging um Erfahrungen und Kenntnisse, die von Meistern an Gesellen und Lehrlinge weitergegeben wurden, die man aber auch anhand alter Mäntel und Stolen studieren konnte. Und zu der Arbeit gehörte ganz wesentlich, dem Material zu *gehorchen,* bestimmte Formen waren nicht zu erzwingen, sondern nur durch die Schnitttechnik zu entwickeln. Der Soziologe Richard Sennett hat in seinem Buch *Handwerk* darüber geschrieben, wie das Handwerk in die Künste hineinreicht, in die Musik und in die Malerei. Auch sie haben ein handwerkliches Fundament, aber darüber hinaus, und das unterscheidet sie von dem auf bloßen Nutzen und Gebrauch ausgerichteten Handwerk, die Freiheit der unbegrenzten Variation, des Spiels und sie stellen die Frage nach existentiellem Sinn.

Ich sagte, es ist dieses Warten, die Geduld, das Aufschieben, die Organisation von Sprache und Text. Die Wiederholung, die Verbesserung durch ändern. Ich schreibe einen Satz, auch diesen, und höre meine Stimme, die spricht. Das Schreiben der Sätze ist begleitet von einem: nein, nein, nein, viele Nein, ein Ja. Und dann ist der Satz, der Absatz, gut für mich, das heißt, er steht fest. Der Satz soll nicht nur richtig sein, richtig im Sinne, dass er wiedergibt, was in der Vorstellung, in der Anmutung noch recht dunkel war, sondern er muss durch Arbeit, durch das Um- und Umschreiben gut klingen. Erst wenn beides erreicht ist, die Musikalität und diese Klarheit, kann ich sagen, er ist gut und das heißt auch wahr. Das ist die lustvolle Überwindung der Stummheit. In George Steiners *Gedanken dichten* steht der schöne Satz: *Die Stummheit der Tiere hat als Spur in uns überdauert.*

Eigentümlich genug, sind die Dialoge in der zeitgenössischen deutschen Prosa meist stumpf, oft geradezu hilflos ausführlich. Die gesprochene Sprache ist aber wie ein Humus für die Hochsprache, die ohne die Brechung ins Alltägliche leicht steif und gipsern wirkt. Um noch ein Beispiel aus der Erzählung *Nachtmantel* von Christoph Meckel zu nehmen: *Vor einem Gasthof machte das Taxi halt, der Chauffeur wollte eine Pause von zehn Minuten – in dem Lokal dort, Privatsache, bald zurück. Regen schlug schwer auf das Blech, der Taxifunk rauschte, eine halbe, dann ganze Stunde verging ohne Zeit, der Chauffeur kam nicht zurück, und der Taxifunk rauschte.*

Zwei Sätze, in denen die Sprache auf sich selbst zu hören scheint. Diese an Jazz erinnernden syntaktischen Stopps, das Motiv des Rauschens, die elliptische Form der gesprochenen Sprache und darin eingelagert das Gestische. Meckel arbeitet mit Verknappungen, mit Auslassungen und einem gestischen Sprechen. Begleitet von diesem Motiv *rauschen.*

Wie erreichen, was als Vorstellung vorangeht? Die Beschreibung des Gedachten, der Stimmung, des Gefühlten kann, anders als Philosophie und Soziologie, die literarische Sprache in ihrer Körperlichkeit leisten. Die Mimik des Lesenden verrät es. Das Lächeln, das langsam hervorbricht. Worüber man lacht, lässt sich schnell sagen, das Lächeln hingegen kommt aus dem Vorsprachlichen, etwas, dessen Anlass zum Verstehen auch für sich selbst beschrieben, also sprachlich gefasst werden muss.

Es gibt momentan ein reges Interesse an der deutschen Sprache und Literatur. Bastian Sicks Bücher mit Sprachkommentaren erreichen, mögen sie zuweilen auch vereinfachend sein, Millionenauflagen. Wer will, kann seine Kenntnisse bei Harald Weinrich, Jürgen Trabant, Peter Eisenberg wissenschaftlich vertiefen. Auch die Zahl der jährlich erscheinenden Romane und Erzählungen, die Zahl der jungen Autorinnen und Autoren ist erstaunlich groß. Zu der Verbreitung der Literatur beim jungen Publikum hat sicherlich die Popliteratur der Neunzigerjahre beigetragen. Poetry-Slams sind nach wie vor überfüllt. Hinzu kommen, üppiger als in den literarisch so mageren Siebziger- und Achtzigerjahren, viele Stipendien und Preise, der staatlich geförderte Literaturfonds, zahlreiche literarische Schreibwerkstätten und Studiengänge an den Universitäten, neue Zeitschriften und Literaturagenturen tragen zur Verbreitung bei, vor allem die Verlage, bekannte wie neu gegründete, die auf der Suche nach jungen Talenten die Nachfrage gleichermaßen bedienen und stimulieren.

Nochmals gefragt: Kann man das literarische Schreiben lernen?

Nicht erlernbar ist die sprachliche Potenz, die jemand mitbringen muss, nicht die Radikalität und nicht die Verstörung, die Anlass für das Schreiben sind und nicht das, was man Phantasie nennt.

Ein Lob aber der Werkstattarbeit, den Verbesserungen und Änderungen. Zu dieser Arbeit gehört auch das Gespräch mit Kollegen, Kritikern, Lektoren und Lesern. Man sehe sich die Umarbeitungen von *Anna Karenina* an, die Tolstoi unter dem Einfluss seiner Frau vorgenommen hat. Tolstoi ist, sagt Nabokov, ein Gebirge. Und die Ebene? Das, was jetzt alles auf dem Markt kommt? Was wird bleiben?

Schaun mer mal.

x aber Kompetenz!!

Kafkas Reisepass

Als, so beginnt der Roman *Amerika* von Franz Kafka, *der siebzehnjährige Karl Roßmann, der von seinen armen Eltern nach Amerika geschickt worden war, weil ihn ein Dienstmädchen verführt und ein Kind von ihm bekommen hatte, in dem schon langsam gewordenen Schiff in den Hafen von New York einfuhr, erblickte er die schon längst beobachtete Statue der Freiheitsgöttin wie in einem plötzlich stärker gewordenen Sonnenlicht. Ihr Arm mit dem Schwert ragte wie neuerdings empor, und um ihre Gestalt wehten die freien Lüfte.*

Wir haben richtig gelesen, Kafka hat der Freiheitsstatue statt einer Fackel ein Schwert in die Hand gegeben. Nun war Kafka nie in Amerika, kannte das Land nicht aus eigener Anschauung, aber er hatte, wie wir wissen, recht genau in Reiseberichten recherchiert. Der Roman ist ein Fragment, nicht einmal der Titel ist gesichert. Kafkas Freund Max Brod, der das Manuskript entgegen dem Wunsch des Autors nicht verbrannte, nannte den Roman *Amerika,* später hat sich der in den Briefen und Tagebüchern genannte Titel *Der Verschollene* durchgesetzt.

Das Schwert in der Hand der Freiheitsgöttin, ist das Verwechslung oder Absicht? Wäre das möglicherweise vom Autor noch korrigiert worden? Wir wissen es nicht, müssen uns mit diesem von der Wirklichkeit abweichenden Bild abfinden. Hier muss nicht erwähnt werden, dass die Realität von Kafka nicht auf eine naturalistische Weise beschrieben wird. Das wird deutlich in den traumhaft verzerrten Raumdarstellungen des Schiffs, der Gebäude, der Straßen und Häuser, es zeigt sich daran, wie problemlos dieser Karl Roßmann in den USA an Land gehen kann, was damals höchst kompliziert war und es heute noch immer ist. Vielleicht liegt es an dem Onkel, der Karl Roßmann abholt und dank seiner Stellung als Senator alle bürokratischen Formalien überflüssig macht. Roßmann muss sich nicht ausweisen, muss also nicht wie ich, wie jeder, der in ein Land einreist, den Reisepass zeigen. Der Pass soll die Identität des Reisenden belegen, eine vom Staat nachprüfbare – damit auch verfolgbare – Identität. Die Vergabe der Pässe ist ein staatlicher Hoheitsakt, der bei Fälschung des Ausweises mit Freiheitsentzug geahndet werden kann. Das Dokument gehört dem Staat und gibt dem Individuum seinen staatlichen Körper. Einen auf wenige Daten reduzierten Körper: Augenfarbe, Größe, besondere Merkmale und dann, ganz wichtig, die Rubrik Staatsangehörigkeit. Sie gibt über die individuelle Identität hinaus dem Subjekt eine nationale Identität. Eine Identität, die mit darüber entscheidet, ob und wie schnell man ein fremdes Land betreten darf. Karl Roßmann aber darf, wie gesagt, ohne überhaupt nach dem Pass gefragt zu werden, in die USA einreisen. Eine privilegierte Situation. Auch heute gibt es Unterschiede bei einem Grenzübertritt. Reisende aus den sogenannten Problemländern werden umständlich und langwierig geprüft. Wer hingegen aus Schweden, der Schweiz oder Deutschland kommt, wird meist schnell durchgewunken, wie am Flughafen in Ezeiza, wo ich nur kurz meinen Pass vorlegen musste. Nationalität? Deutsch. Dann bekam ich den Einreisestempel.

Was verbindet sich damit, Deutscher zu sein? Die Vätergeneration war noch stolz darauf, deutsch zu sein, so als wäre der zufällige Geburtsort ein Garant für ein besseres Menschentum. Vor allem wurden die Tugenden, die man für sich, für das Deutschsein reserviert hatte, gefeiert: Tapferkeit, Pflichterfüllung, Ordentlichkeit, Fleiß und Gehorsam. Tugenden, von denen wir wissen, dass man mit ihnen auch Konzentrationslager betreiben kann, wenn denn dieser eine verbindende Wert fehlt, dass alle Menschen gleich sind und ein Recht auf Leben und Freiheit haben.

Die nationale Identität wurde in Deutschland als jus sanguinis über die Herkunft definiert. In der Zeit des Nationalsozialismus wurden zusätzlich Rassegesetze erlassen, Begriffe wie Blutreinheit und Blutschande wurden eingeführt. Heinrich Himmler betrieb bezeichnenderweise eine Zeit lang eine Hühnerzucht. Aus pseudowissenschaftlichen biologischen Thesen wurde ein Herrschaftsanspruch abgeleitet, der die Überlegenheit des eigenen Volkes behauptete, statt Solidarität gab es Selektion, und die führte zum Völkermord.

Nach dem Krieg, kurz nach Gründung der Bundesrepublik mit ihrem demokratischen Grundgesetz, 1952, wurde ein Fünfmarkstück aus Silber geprägt als Beleg und Garantie für eine harte Währung. Zahl und Schrift auf einer Seite, auf der anderen ein schlanker, man möchte sagen dürftig gefiederter Adler, um den Rand der Münze waren die Worte »Einigkeit und Recht und Freiheit« geprägt. Symbol eines wirtschaftlichen Wiederaufbaus in einer jungen Demokratie, die ihre Parolen aus dem Umfeld der Deutschen Revolution von 1848 nahm. Einer Revolution, nach deren Niederschlagung durch das preußische Heer Tausende republikanisch gesinnte Geister in die Neue Welt fliehen mussten.

Die Revolution von 1848 mit ihrer Nationalversammlung in der Frankfurter Paulskirche war die demokratische Traditionslinie, auf die sich die Bundesrepublik Deutschland nach 1948 berief. Es sollte ein politischer und wirtschaftlicher Neubeginn sein. Und tatsächlich öffneten die florierende Wirtschaft und die mithilfe der Westmächte installierte Demokratie den Deutschen wieder die Türen im Ausland. Sie kamen als Touristen und Wirtschaftsvertreter, waren vielleicht nicht geliebt, aber als Devisenbringer gut gelitten. Starkes Bier und solide Autos, so das Klischee. Sie galten als tüchtig, die *Germans.* Und etwas von dieser Außensicht bestimmte denn auch die eigene Sicht, die nationale Identität der Fünfziger- und Sechzigerjahre. Keine *Weltverbesserungsphantasmagorien* oder gar *Welteroberungspläne,* sondern wirtschaftliche und technische Perfektion und Tüchtigkeit. Eines dieser trivialmythischen Selbstbildnisse, das in einem auch im Ausland gern kolportierten Witz Ausdruck fand: Einem deutschen Manager empfiehlt der Arzt, sich einmal richtig auszuspannen, möglichst weit weg. Also fährt er an den Amazonas zum Angeln. Zwei Tage sitzt er und angelt, am dritten Tag stellt er einen Indio ein, der die Angelschnüre kontrolliert, am fünften Tag zwei weitere, nach sieben Tagen acht Indios. Als der Manager nach drei Wochen abreist, steht eine Fischkonservenfabrik am Fluss. So sah man sich gern selbst, die militärischen Ambitionen wurden in technisch-wirtschaftliche umgemünzt. Dieser umgepolte Eroberungseifer geriet in der Zeit um 1968 mit der Studentenrevolte in die Kritik, eine Kritik der alten Werte und eine radikale Kritik der kapitalistischen Wirtschaftsform. Die Protestbewegung der Studenten verstand sich in der Tradition der Aufklärung, der sozialen Revolutionen, und was auf dem Rand der Münze stand: *Einigkeit und Recht und Freiheit,* sollte nicht nur national, sondern für alle gelten, weltweit, und vor allem eines sollte hinzukommen, was auf dem Fünfmarkstück bezeichnenderweise fehlte: die Gleichheit. Darüber hinaus wurde in der außerparlamentarischen Bewegung von 1968 die Münze und was sie symbolisiert, selbst in Frage gestellt – das Kapital.

Also was ist deutsch? Das territoriale als Grenzziehung festgelegte Hoheitsgebiet. Die gemeinsame katastrophische Geschichte. Die Verfassung. Die Sprache. Aber die wird auch in Teilen der Schweiz, in Liechtenstein und Österreich gesprochen. Deutsch ist eine Sprache, die sich durch Regionalität und zahlreiche Dialekte auszeichnet, in denen sich wiederum Identitäten bilden. Mir hört man, obwohl ich seit mehr als vierzig Jahren in Bayern lebe, immer noch an, dass ich aus Hamburg komme. Und ich wiederum kann nicht nur heraushören, wer aus Hamburg oder Umgebung kommt, sondern auch, welcher sozialen Schicht er angehört. Man kann sogar den Stadtteil heraushören, den ärmeren Osten oder den reicheren Westen. Also Deutscher, Hamburger, Wandsbeker. Ein Phänomen, das es schon immer gab, neuerdings aber durch ein fehlerhaftes Deutsch mit regionalem Tonfall ergänzt wird, das Deutsch vieler Zuwanderer und Emigranten.

Neu ist auch, dass sich die Identität weniger national, dafür aber stärker regional bestimmt. Das gilt nicht nur für die Kleinstädte und ländliche Gegenden. Mit der nationalen wie internationalen Mobilität schreitet eine *Verkiezung* der deutschen Großstädte voran. Die Menschen bestimmen ihre Identität vermehrt über das Stadtviertel, in dem sie wohnen, eine soziale Infrastruktur, die sie oft auch dann nicht aufgeben, wenn sie eine Arbeit in einer anderen Stadt bekommen: Sie pendeln von ihrer Arbeitswelt zu ihrer Wohnwelt. Hinzu kommt der verstärkte Zuzug von Emigranten in den vergangenen vierzig Jahren. 18 Prozent der deutschen Bevölkerung haben inzwischen einen sogenannten Migrationshintergrund. Ein hybrides Deutsch entsteht in den Großstädten, mit neuen, aus dem anderssprachigen Herkunftsland übernommenen Sprachbildern, mit unflektierten Verben, artikellosen Substantivierungen – eine Schwierigkeit der deutschen Sprache sind bekanntlich die drei Genera.

Auch das geschichtliche Bewusstsein ändert sich. Die über zwei Millionen in Deutschland lebenden Türken haben zur deutschen Geschichte, auch zu der mörderischen, ein anderes Verhältnis. Die Väter oder Großväter, die aus der Türkei, Griechenland oder Portugal zugewandert sind, können nicht der Tätergeneration zugerechnet werden. Stalingrad ist als Ereignis nicht emotional besetzt. Und Sedan und Spichern, die nach Schlachten der Einigungskriege benannten U-Bahn-Stationen in Berlin, sagen den zugewanderten Menschen gar nichts mehr. Eine nationale Identität, die heute noch mit Granaten, Mörsern und Panzern verteidigt werden müsste, ist, zumal in einem zusammenwachsenden Europa, kaum noch auszumachen, und der Satz, dass die deutsche Freiheit am Hindukusch verteidigt werde, gehört zu den umstrittensten der neueren deutschen Politik. Das militärische Engagement der Bundeswehr in Afghanistan weckt im Bürger keine vaterländischen Emotionen. Das ist ablesbar in der Berliner Gedenkstätte der gefallenen Bundeswehrsoldaten, deren Namen nicht in Bronze gegossen, nicht in Marmor gehauen sind, sondern endlos auf einem Screen vorbeiflimmern – eine sachliche Information, die man auch zu Hause auf seinem Rechner sehen könnte.

Was also ist deutsch? Die Sprache und die Geschichte. Und beide müssen zusammengedacht werden. Ich sagte, die deutsche Geschichte ist problematisch, und mit der Geschichte auch die Sprache. Es gibt Worte, die von der mörderischen Gewalt kontaminiert sind. Beispielsweise das Unwort *Endlösung*. Deutsch ist die Sprache der Täter gewesen, aber es ist auch die Sprache der Opfer und des Widerstands. Die Sprache, keine Sprache der Welt, kann sich gegen ihren Missbrauch wehren. Sie kann das Gefühl von Heimat – im Sinne von Heim, Haus, daheim – geben. Sie kann aber auch ausgrenzen. Das ist das Unheimliche an der Sprache. Sie kann nur geschützt werden, wenn man sie nicht als Mittel der Herrschaft, der Unterdrückung, der Ausgrenzung einsetzt. Sie selbst kann nicht die Ausgrenzung verhindern.

So nähern wir uns Kafka. In der Zeit des Nationalsozialismus waren seine Werke verboten worden, Kafkas drei Schwestern wurden in Gettos deportiert, wo sich ihr Weg verliert. Sie sind verschollen. Wir müssen vermuten, dass sie ermordet worden sind.

Auch in der Deutschen Demokratischen Republik war Kafka mit seinen Romanen nicht *zu Hause*. Seine Arbeiten wurden mit wenigen Ausnahmen nicht verlegt. In Kafkas Werk findet sich, hellsichtig, die Problematisierung der staatlichen Macht, die keiner Begründung bedarf. Der anonymen bürokratischen Selbstgewissheit steht die hilflose Ungewissheit des Einzelnen gegenüber, und zwar in beiden Systemen, in der planbaren Zukunftsgewissheit der sozialistischen Gesellschaft wie auch in der freien konkurrenz- und profitorientierten kapitalistischen Gesellschaft. Der Einzelne, der keinen Rückhalt in der Nation, in einer Gemeinschaft, hat, oft nicht einmal mehr in der Familie, wie dieser Karl Roßmann, der, von seiner Familie verstoßen, in die Neue Welt aufbricht, ist heimatlos. Eine Welt der Gefährdung umgibt ihn, eine Welt, die Kafka in diesem Roman mit einer erstaunlichen Klarheit in ihrer gesellschaftlichen Struktur beschreibt – ein *Kampfplatz*, so hat Hegel die bürgerliche Gesellschaft in seiner Rechtsphilosophie bestimmt. Konkurrenz, Vereinzelung und eine erzwungene Mobilität sind Erscheinungsformen der entwickelten kapitalistischen Gesellschaft. Die Macht der Konzerne und Trusts trat in den Vereinigten Staaten besonders krass hervor und wurde von dem 1912 gewählten Präsidenten Woodrow Wilson im Sinnes des *Progressivismus* bekämpft. In diesen wirtschaftlichen und politischen Jahren der Konflikte schrieb Kafka an dem Roman. Durch diese Neue Welt lässt er seinen Karl Roßmann wandern. Das Besondere an der Figur ist, dass er in seiner psychischen Struktur eine Mehrdeutigkeit hat, die sich mit den Techniken einer realistischen Erzählmethode nicht erfassen ließe. Roßmann ist, wie der Kafka-Biograf Peter-André Alt schreibt, *die Summe seiner zersplitterten Ich-Zustände, deren Anatomie im Roman durch die Konfrontation mit unterschiedlichen Lebensprinzipien beleuchtet und modifiziert wird.*

Diese zersplitterten Ich-Zustände finden wir auch bei Kafka. Wir wollen hier nicht noch einmal über die psychische Disposition des Autors sprechen, sondern auf seine prekäre nationale Identität eingehen, die ihm eine ungewöhnliche gedankliche Freiheit und Hellsichtigkeit gewährte.

Kafka gehörte in Prag zu der dortigen Deutsch sprechenden Minderheit, wobei er in dieser abermals zu einer Minderheit, derjenigen der Juden, zählte. Seiner Geburt nach war er Österreicher, dann, nach dem Ersten Weltkrieg, als sich der neue tschechisch-slowakische Staat konstituierte, Tschechoslowake. Weder war er Tscheche noch Slowake noch Deutscher. Eine multinationale Person. Er selbst sagte von sich: *Deutsch ist meine Muttersprache, aber das Tschechische geht mir zu Herzen.*« Kafkas Reisepass, mit dem er nach Meran in Italien reiste, ausgestellt am 2. März 1920, ist erhalten. Und man kann diesem Dokument entnehmen, dass Kafka durchaus nicht abgekapselt in Prag gelebt hat, sondern viel gereist ist, wegen seiner Lungenerkrankung in verschiedene Kurorte, aber auch for pleasure nach Paris, Berlin, Wien, Italien.

Dem aufgeladenen Nationalismus, der mit zum Ersten Weltkrieg führte, stand Kafka höchst kritisch gegenüber. In dem nationalen Taumel der ersten anderthalb Kriegsjahre von 1914 bis Ende 1915 erschienen in Deutschland 253 Bände mit Kriegslyrik, anderthalb Millionen Kriegsgedichte, 800 Bände Kriegsliteratur und Tausende veröffentlichte Kriegspredigten, in denen dem Gegner Tod und Vernichtung und der eigenen Sache der Sieg gewünscht wurde. Auch Thomas Mann stand das *Herz in Flammen* bei dem Kampf gegen die *anti-heroischen, wölfisch-merkantilen Bourgoisie-Republiken,* womit Amerika, Frankreich und England gemeint waren. Kafka hingegen schreibt: *Patriotischer Umzug (…) Diese Umzüge sind die widerlichsten Begleiterscheinungen des Krieges (…) Ich stehe dabei mit einem bösen Blick.*

Es ist dieser Blick, dieser zornige, empörte Blick auf das, was sich plötzlich als Masse formiert und seine Identität durch die Ausgrenzung anderer Identitäten definiert und diese anderen als bekämpfens-, wenn nicht gar vernichtenswert versteht. Setzt sich der Anspruch auf Homogenität in der nationalen Identitätsfindung durch, neigt sie gleichermaßen nach innen wie nach außen zur Gewalt.

Die Befreiungskriege der Staaten Lateinamerikas gegen die Kolonialmächte sind ein Beispiel für die Abkehr von einer anachronistisch gewordenen aufgezwungenen Identität und die Suche nach einer eigenen republikanischen, die ihrerseits allerdings nur ungenügend die autochthonen Kulturen miteinschloss. Die Besinnung auf diese war dem folgenden Jahrhundert vorbehalten und einer der Hebel, die eigenen Traditionen gegen die kulturelle und wirtschaftliche Dominanz der postkolonialen Mächte ins Spiel zu bringen.

Eine Situation – wenn Sie mir diesen Parforceritt durch die Geschichte gestatten –, die es ähnlich auch im 19. Jahrhundert in Deutschland gegeben hat. Napoleon hatte 1806 Preußen und andere deutsche Staaten unter sein Supremat gebracht. Die als Fremdherrschaft der Franzosen empfundene Situation zog eine Rückbesinnung auf die deutsche Kultur und auf die deutsche Sprache nach sich. Eine Entwicklung, die mit sozialen Reformideen verbunden war und schließlich 1812 zu dem Befreiungskrieg gegen die französische Besatzung führte. Jedoch wurden die nach dem Sieg über Napoleon von den deutschen Fürsten versprochenen demokratischen Reformen nicht umgesetzt. Im Gegenteil, es kam zu einer restaurativen Periode, in der sich die Monarchien ohne Konstitutionen wieder festigten. Die schon erwähnte Revolution von 1848 scheiterte. Die Einigung Deutschlands durch Bismarck 1871, die zum Deutschen Kaiserreich führte, war hingegen das Ergebnis von Angriffskriegen und wurde durch die Siege über Österreich und Frankreich buchstäblich gekrönt. Die Folge war eine in der deutschen Geschichte von Militär und Adel bestimmte Mentalität, waren Gehorsam, Tapferkeit, Pflichterfüllung. Das Deutsche Reich, das sich wissenschaftlich und industriell außerordentlich schnell entwickelte und zur führenden europäischen Macht heranwuchs, brachte ein national gesinntes Bürgertum hervor, dessen Selbstbestimmung unkritische Selbstgewissheit wurde. Sein Selbstbild fand es in dem großmundig auftretenden Kaiser Wilhelm II. und in Sätzen wie diesem: *Am deutschen Wesen soll die Welt genesen.* Ebendiese Selbstgewissheit stellt Kafka immer wieder infrage.

Eine ähnliche Dialektik bestimmt auch den Einzelnen, dessen Ich ein imaginierter Punkt ist, in dem sich all das bündelt und konzentriert, was den Kreis – Kafka spricht vom Radius – seiner Wünsche, Ängste, Erfahrungen, Planungen ausmacht. In seiner Selbstgewissheit, also seiner Identität, ist das Ich immer auch in der Gefahr, in Selbstgerechtigkeit zu erstarren.

In drei Bereichen wird die Selbstverständlichkeit der Identität, also dessen, was sich mit sich selbst als einig versteht, aufgelöst: in der Krankheit, im Traum und in der Literatur. Alle drei Bereiche sind die negativen Definitionsmuster für die Normalität.

Die Schizophrenen wurden und werden in der bürgerlichen Gesellschaft ausgegrenzt oder weggesperrt. Der Traum löst die Normalität des Identischen auf. Der Träumende ist das Ich und zugleich aber auch das Andere. Anders ausgedrückt: eine *Ichvielfalt.* Träume sind Schäume, heißt es. Und das meint die Verwandlung des Erfahrenen in ein Übermaß an Angst- und Wunschbehaftetem. Die aus den Träumen sprechende Wahrheit nehmen nur Psychologen und Dichter ernst, Berufszweige, denen die Allgemeinheit eher skeptisch gegenübersteht.

Der Dichter wird denn auch, weil er Abbilder beschreibt und nicht zu der Wahrheit der Ideen vordringt, von Platon in seinem Dialog *Politeia* aus dem idealen Staat verbannt, so wie totalitäre Staaten mit ihrer *Wahrheit* staatlichen Literatur zensieren oder verbieten. Wie es mit Kafkas Werk in der Nazizeit und später in den sozialistischen Ländern geschehen ist. In der Literatur Kafkas ist ein Moment der Freiheit, das sich gegen jede festgefügte, selbstgerechte Identität richtet. Zugleich ist Literatur auch Spiel, Ironie, etwas, was die Selbstgewissheit des Ichs in Zweifel zieht.

In Kafkas Werken finden sich viele witzige, slapstickartige Szenen: *›Und ohne Rock bist Du entlassen worden?‹ ›Nun ja‹, sagte Karl, ›also auch in Amerika ge-*

hörte es zur Art der Behörden, das, was sie sahen, noch eigens zu fragen.‹ (Wie hatte sein Vater bei der Beschaffung des Reisepasses über die nutzlose Fragerei der Behörden sich ärgern müssen.)

Karl Roßmann verliert seine Identität in dem Roman *Der Verschollene,* eine neue findet er nicht. Er verliert sich in dem Land, in der Neuen Welt, das nicht die Welt der Freiheit, sondern eine dystopische Welt ist. Er geht in einem tieferen Sinn verschollen – der Roman blieb denn auch Fragment.

Und das Land, die USA, das wie viele Einwanderungsländer keine nationale Identität nach Herkunft, Sprache oder Religion kennt, dessen Nationalität nach dem jus solis bestimmt wird, hat dafür das Zeichen der Freiheit, der Aufklärung, die Fackel, gesetzt. Kafka jedoch hat der Freiheitsstatue am Anfang des Romans *Der Verschollene* ein Schwert in die Hand gegeben. Da es *wie neuerdings* heißt, dürfen wir darin eine Absicht von Kafka vermuten.

Muss die Freiheit mit dem Schwert errungen und verteidigt werden? Oder ist das Schwert Zeichen des Kampfes aller gegen alle, des Kampfplatzes, wie Hegel sagt? Ein Zeichen der Abwehr, der Warnung nach außen, an jene, die an der Freiheit, dem Reichtum teilhaben wollen. Ein ahnungsvolles Symbol, das auf den heutigen Zaun an der mexikanischen Grenze verweist? Das sind Fragen, denen sich heute viele Länder und deren Bevölkerungen stellen müssen. Insbesondere auch die Deutschen in der Bundesrepublik, in deren Grundgesetz das Asylrecht festgeschrieben ist.

Und die Frage, was denn nun deutsch sei?

Vielleicht das: eine nationale Identität, die sich aufgrund ihrer Geschichte immer wieder selbst infrage stellen muss; die Stolz nicht zulässt, es sei denn, sie ringt sich zum Lob der realen Vielfalt der Identitäten durch. Dieses Lob beträfe auch eine ganz neue Richtung in der deutschsprachigen Literatur, in der die Stimmen der Zuwanderer einen neuen Ton bringen, eine Bereicherung der Sprache, der Lebenswelten, wie wir sie aus den Romanen von Emine Özdamar und Feridun Zaimoglu kennen, die aus der Türkei stammen, oder der Nobelpreisträgerin Herta Müller, einer geborenen Rumänin, oder Rafik Shami, einem Syrier, oder der Argentinierin Maria Cecilia Barbetta, die den erstaunlichen Roman *Änderungsschneiderei Los Milagros* geschrieben hat, auf Deutsch. Kafka hätte wohl seine Freude daran.

Reise an das Ende der Welt

1.

Gute fünf Stunden dauert der Flug von Paris nach N'Djamena, der Hauptstadt des Tschad. Nach der Landung werden die Türen geöffnet, und die feuchte abendliche Hitze einer anderen Welt dringt ins Flugzeug. Die Ankunft in tropischen Ländern löst für mich jedes Mal ein körperliches Glücksgefühl aus, zu dem auch der Geruch von Kerosin gehört. Im Westen ist noch eine Ahnung von der untergegangenen Sonne in dem Braun der Dunkelheit. Vor der Ankunftshalle wird mit einem pistolenartigen Messgerät geprüft, ob der Einreisende erhöhte Temperatur hat. Eine Maßnahme, von der man weiß, dass sie bei der dreiwöchigen Inkubationszeit der Krankheit nicht hilft. *EBOLA* steht in großen Lettern auf einem Plakat. Noch hält sich die Seuche vom Tschad fern. Sieh dich bloß vor, war einer der Sätze, die ich vor der Abreise hörte. Und die sechsjährige Enkelin Anna sagte: Du musst dir immer schön die Hände waschen.

Vor dem Transportband stehen und drängen sich die Reisenden, dazwischen Träger, die ihre Dienste anbieten. Auffallend ist, die hier Ankommenden sind nicht die europäischen Geschäftsreisenden und Touristen, die man sonst auf den Flughäfen Afrikas trifft. Die Industrie ist im Tschad nicht sehr entwickelt, und die europäischen Botschaften haben eine Warnung vor Reisen außerhalb der Großstadt herausgegeben. Im Grenzbereich zu Nigeria operiert die radikalislamistische Boko Haram mit Mord und Brandschatzung und atavistischem Frauenraub. Im Norden und im Osten sind es Banden entlassener Soldaten. Wir hören später, dass das Militär seit einem halben Jahr keinen Sold mehr bekommen hat. Dennoch, der Tschad gilt mit seinem seit dreiundzwanzig Jahren regierenden Präsidenten Idriss Déby als ein politisch stabiles Land. Wie in anderen afrikanischen Ländern wurde die Verfassung für seine Wiederwahl eigens geändert. Mehrere Angriffe von regierungsfeindlichen Rebellen, die bis in die Hauptstadt vordrangen, konnte Déby, ein ehemaliger Militärpilot, mit den ihm ergebenen Truppen zurückschlagen. Seit 2010 ist der Bürgerkrieg fürs Erste beendet.

Mit den Koffern und Taschen kommen auch massive in Plastikbahnen eingeschnürte Ballen. Was wird darin aus der reichen Welt hierhertransportiert? Sicherlich keine Luxusartikel. Matratzen? Stoffe? Der Geruch nach Schweiß und Desinfektionsmitteln. Ein Drängen, Schieben, Durcheinander. Der ruppige Versuch der Zollbeamten, die Passagiere in eine Reihe zu zwingen. Hinter dem Drehkreuz werden Schilder hochgehalten. Keine Namen von Firmen, sondern Abkürzungen. Viele Abkürzungen, die ich nicht deuten kann, sie bezeichnen Abteilungen der *UNO* und andere nichtstaatliche Organisationen.

Eine kurze Fahrt zu dem am Fluss gelegenen Hotel, das ein Ort des Übergangs und der Eingewöhnung von der reichen in die arme Welt ist. Eine Insel mit allen Annehmlichkeiten: klimatisierte Zimmer, internationale Küche, alkoholische Getränke. An dem großzügigen Swimmingpool liegen Stewardessen und Piloten und ein paar Entsandte von *NGOs,* ein Wort, das man oft hört, allerdings vernuschelt und englisch ausgesprochen. Wer mag, könnte bei 30 Grad Tennis spielen. Der Platz hat sogar Flutlicht, ist jetzt aber leer, und die Netze hängen ziemlich schlaff herunter. An der Bar sitzen ein paar Männer und trinken Bier. Das Filmteam hat sich versammelt, die Regisseurin Claire Denis, der Zeichner Damien Glez, der Kameramann Alexandre Rossignol, der Tonmann Sebastien Guisset und die Produktionschefin Anne Florence Garnier, fünf Menschen, mit denen ich die nächsten Tage zusammen sein werde. Und es soll hier gleich gesagt sein, dass es eine kameradschaftlich freundliche Zusammenarbeit wurde. Insbesondere Anne wird für mich, der sein Französisch verlernt hat, das Medium zu dieser fernen Welt sein. Später werden noch zwei arabische Übersetzer aus dem Tschad hinzukommen. Eine sprachlich komplizierte Annäherung, die oft dazu zwingt, sich auf den Augenschein zu verlassen.

2.

In zwei Wagen fahren wir frühmorgens von N'Djamena Richtung Osten nach Abéché. 900 Kilometer auf einer Straße, die, wahrlich keine Autobahn, immerhin über weite Strecken asphaltiert ist.

Zwölf Stunden dauert die Fahrt. Das Team sitzt in dem einen Wagen. Ich sitze in dem anderen, einem Pick-up japanischer Bauart mit Allradantrieb. Die Ladefläche ist mit Plastikflaschen voll beladen. Wasser muss für diese Reise mitgenommen werden. Der Fahrer heißt Mohamed, ist um die dreißig Jahre alt. Seine Gesichtszüge, die Augen, die große gebogene Nase, die Unterlippe, alles weist in einer sanften Form nach unten, am Kinn ein kleines schütteres Bärtchen. Er könnte aus einem Film über Beduinen kommen. Sein Französisch ist schwer verständlich, so wie es meines wahrscheinlich für ihn ist, aber immerhin erfahre ich, dass er drei Kinder hat und aus dem Norden des Landes kommt. Er hat die Angewohnheit, stumm die Lippen zu bewegen. Manchmal höre ich leise Laute. Zwölf Stunden, unterbrochen von zwei Pausen, aber dieses Schweigen, sein leises Gebrabbel, das sich später erklären wird, beschert mir eine wunderbare meditative Fahrt durch das weite Land.

Die Fahrt geht zunächst durch die Hauptstadt N'Djamena. Die Stadt ist mit einer Million Einwohnern eher klein, keine dieser afrikanischen Megacitys wie Lagos, Johannesburg oder Kinshasa. Und, was dem Deutschen auffällt, sehr sauber. Etwas mehr als zehn Millionen Menschen leben im Tschad. Ein Land, das dreieinhalbmal so groß wie Deutschland ist und als eines der ärmsten Länder der Welt gilt.

Im Zentrum das Übliche: moderne Bauten, in denen sich Banken und ein paar ausländische Firmen eingerichtet haben, und die imposanten Neubauten der Regierung. Warum finden sich in Afrika, auch in den ärmsten Ländern, stets diese teuren klotzigen Regierungsgebäude? Muss dieses hervorgekehrt Repräsentative sein? Vielleicht ist es tatsächlich für jene, die nicht darin arbeiten und wohnen, ein sichtbares Zeichen von nationaler Stärke und Unabhängigkeit.

Als ich nach der Unabhängigkeit Namibias das Land wieder besuchen durfte – zuvor war mir wegen meines Romans *Morenga* von dem Apartheidregime die Einreise verboten worden –, sah ich, wie ein Hügel mitten in Windhuk planiert wurde, und auf einem riesigen Schild das Modell des Präsidentenpalastes, der dort gebaut werden sollte. Überdimensional und protzig. Einige Oppositionelle haben protestiert. Der

Palast wurde, trotz finanzieller Nöte, gebaut, und da man den eigenen Leuten misstraute, holte man Arbeiter aus Nordkorea ins Land.

Die Straße führt aus N'Djamena nach Osten, auf beiden Seiten stehen Wohnhäuser hinter Mauern, die zusätzlich mit Stacheldrahtrollen bestückt sind, dann allmählich geht es ins offene Land. Die ersten selbst gebauten kleinen Häuser erscheinen am Straßenrand, auch Werkstätten, vor denen Autos und Motorräder repariert werden; lange, sehr lange Schlangen haben sich vor einer der wenigen Tankstellen gebildet. Benzin ist rar und teuer. Die Savanne beginnt, staubiger trockener Boden, graubraun, darin Dornenbüsche und ein paar Akazien. Die ersten runden Lehmhütten mit spitz zulaufenden strohgedeckten Dächern tauchen auf, umgeben von einfach ineinandergelegten Dornenzweigen. Die denkbar einfachsten Zäune, die wohl nicht die Löwen, die es – vielleicht eine afrikanische Wandersage – hin und wieder noch geben mag, sondern zudringliche Ziegen fernhalten sollen. Rinder und Schafe werden von Kindern begleitet, größere Herden von Männern, Hirten, die einen langen Stock über die Schultern gelegt haben und ihn so mit den Händen umgreifen, als wollten sie ein unsichtbares Gewicht hochstemmen. Das trägt wohl zu dieser aufrechten Haltung auch alter Männer bei. Das wichtigste Transportmittel sind die Esel, und jedes Mal wieder staunt man über die hochgetürmten

Lasten, die diese dünnbeinig trippelnden Tiere tragen können, denn auf den Körben, Säcken oder Ballen sitzen oben meist noch ein Mann oder eine Frau. Das Störrische, das diesen Tieren nachgesagt wird, ist wahrscheinlich der spontane Streik gegen Überbelastung.

Nach ungefähr drei Stunden Fahrt machen wir halt in einem Dorf. Die Menschen kümmern sich nicht weiter um die Weißen, nur die Kinder umringen das Team. Ein geschäftiges Treiben ist auf der Straße und vor den kleinen Hütten zu beobachten, kleine Geschäfte, in denen der bescheidene Rest des europäischen Warenstroms ausläuft: Süßigkeiten, Batterien, Schrauben, Dosen und Tuben, Musik-CDs. In einem aus Steinen errichteten Ofen am Straßenrand steckt ein glühender Baumstamm, der bei Bedarf weiter hineingeschoben werden kann. Auf einem Rost liegen die eisernen Spieße, die wie kleine Notenständer aussehen. Auf diesen Spießen werden die ausgenommenen Zicklein gegrillt. Zwei eben auf der Straße geschlachtete Schafe werden ausgeweidet. Die Köpfe liegen abgeschnitten im Sand. Alle Innereien werden zum Kauf angeboten, auch die Augen. Ich dachte zuerst, es seien Glaskugeln. So fern sind uns die Tiere geworden, Bruder Schaf und Schwester Ziege. Hier wird nichts von ihnen weggeworfen. Der Darminhalt wird in den Topf mit dem Blut ausgedrückt. Un bon boudin. Nieren, Leber, Lunge liegen zum Verkauf am

Boden. Daneben auf Plastikbahnen sauber gehäufelt Hirse, Bohnen, Erbsen. Feuerzeuge, in kleinen Kannen abgefülltes Benzin, Öl, Maniok. Ein Junge bietet ein ganzes Bündel von Holzkatapulten an, einfache gegabelte Äste, einige mit feinen Schnitzverzierungen. Dabei ist alles auf Gebrauch ausgelegt, nichts ist unnötig, es herrscht eine wünschenswerte Form der Nachhaltigkeit. Überfluss und auserwählte Essgewohnheiten führen zur unnötigen Vernichtung von Lebewesen. Hühner, die nur noch parzelliert für den Verbraucher bestimmt sind: Schenkel für die Amerikaner oder Hühnerbrüste für die Deutschen. Der Rest – das ist der perverse Luxus – wird vernichtet oder aber nach Afrika billig verkauft. Wie andere landwirtschaftliche Produkte, die von der *EU* hoch subventioniert nach Afrika exportiert werden, wo sie fast um die Hälfte billiger sind als die dort erwirtschafteten. Das ruiniert die Bauern. Woraufhin sich abermals verarmte Menschen in den Strom derer, die nach Europa drängen, einreihen.

Auf der Weiterfahrt erklärt sich das Gemurmel des Fahrers. Denn plötzlich stellt er das Radio an. Eine Stimme liest den Koran vor. Das bislang undeutliche Gemurmel wird laut, er spricht den Text mit. Die Sprache der sanften Radiostimme verstehe ich nicht und verstehe sie doch, durch ihre Melodik, durch ihre Rhythmisierung, durch Wiederholungen, in denen immer wieder die Anrufung Allahs zu hören ist, und durch einen kurzen Zwischenruf, der leicht gesungen wird. Es ist ein Glaubensbekenntnis, die Beschwörung von Schutz und der Vergewisserung eines alles überwölbenden Sinns. Nach einer Stunde stellt der Fahrer das Radio aus, und er kehrt wieder in sein stummes Murmeln ein.

Der Abend kommt, und jedes Mal wieder ist für den Mitteleuropäer das plötzliche Einbrechen der Dunkelheit so wundersam. Das eben noch orange leuchtende Licht wechselt zu einem Tiefbraun mit einem leicht goldenen Ton und jäh ins Schwarz. Danach hin und wieder in der Ferne ein Feuer, ein Zeichen – dort leben Menschen.

Mein Blick auf das Land ist romantisch – ich weiß. Und doch trifft er auf eine Wirklichkeit, die man als in sich ruhend und zumindest im Augenblick als friedlich bezeichnen kann. Ein Leben, das auf Selbstversorgung beruht und auch für die Natur Sorge trägt. Es ist ein einfaches Leben, aber nicht das von Hunger und Kriminalität bestimmte in den großen Städten Westafrikas. Wahrscheinlich wünschen sich die Menschen, die hier in der Finsternis an ihrem Feuer sitzen, ebenfalls Elektrizität, Wasser, das aus der Leitung kommt, nahe medizinische Versorgung, dennoch führen sie, wenn sie nicht von marodierenden Banden bedrängt werden, ein karges, aber geruhsames Leben, das möglicherweise mehr Glücksempfindungen bereithält als die sich ständig beschleunigende Glücksmaschine Konsum.

Aber noch sind wir nicht am Ziel.

3.

Nächte in Abéché, einer kleinen, sogar in Atlanten zu findenden Stadt, in der die Büros der *UNO* angesiedelt sind. An vielen Gebäuden stehen Schilder mit den Abkürzungen, die dem Reisenden immer noch nicht viel sagen und für ihn, da oft zweifach auf Französisch und Englisch buchstabiert, doppelt versiegelt sind, *PAM* für *Program Alimentaire Mondial, WFP* für *World Food Program.* Unterstützt wird der *UNHCR* durch Nichtregierungsorganisationen wie *CRT* (Wasser und Sanitärtechnik), *CORD* (Grundschulen), *RET* (weiterführende Schulen). Die internationale Hilfe muss sich organisieren, und die Organisationen brauchen ihre Siglen.

Eine meiner Erwartungen bestätigt sich weder hier noch später, das Personal der *UNO* und der anderen Hilfsorganisationen kommt nicht aus Europa, keine Schweden, Holländer, Deutsche, Italiener, sondern meist aus dem Tschad, nur einige wenige kommen aus anderen afrikanischen Staaten.

Wohnen in einem Gästehaus. Einkauf von Lebensmitteln. Auch Obst und Gemüse. Trinkwasser.

Dort, wohin die Fahrt geht, gibt es all das nicht zu kaufen. Warten auf den zugesagten militärischen Begleitschutz, der notwendig ist, da vor Kurzem zwei Laster mit Hilfsgütern von Banden überfallen und ausgeraubt worden sind. Der Begleitschutz kommt, vier Männer in Tarnuniformen. Zwei stehen, die Kalaschnikow über dem Rücken hängend, auf der Ladefläche des Geländewagens und blicken nach vorn, sie werden dort auf der Fahrt fast sechs Stunden stehen. Der Sandweg ist tief ausgefahren und von quer verlaufenden ausgewaschenen tiefen Rinnen gefurcht. In einem breiten, trockenen Flussbett liegt ein neuer Lastwagen der UNO wie ein gekentertes Schiff und ist schon halb mit Sand bedeckt. Fast alle geländegängigen Fahrzeuge der UN-Organisationen sehen wie Neuwagen aus, und ich frage mich, was mit den gebrauchten geschieht. Die Fahrt geht in die Nacht, ein Schaukeln, Stoßen, Rucken. Ich versuche mit den Händen auf dem Sitz, diese Stöße in wenig abzumildern, um meine Bandscheiben zu entlasten. Der Gedanke, hier einen Hexenschuss zu bekommen, ist, allein bei der Vorstellung eines Rücktransports, grässlich.

Die Nacht, ein tiefes, lang anhaltendes Dunkel, bis in der Ferne eine Lichtinsel auftaucht: die Verwaltungsgebäude des Flüchtlingslagers. Die von einer hohen, zusätzlich mit Stacheldrahtrollen besetzten Mauer umgebene Station sieht wie ein ländliches Gefängnis aus. Tatsächlich ist es der Schutz vor der Außenwelt. In einem kleinen, vom Hauptgelände abgesonderten Camp bekomme ich eine runde Hütte mit strohgedecktem Dach zugewiesen. Mein Schlaf wird von einem beständigen Rascheln, Kratzen und Fiepen über mir begleitet. Eine kleine Welt ist das dort oben im Stroh. Bewohnt von Mäusen und Eidechsen, deren eine, eine besonders große, sich nachts hin und wieder auf das Fliegengitter des kleinen Fensters setzt. Für einen Moment verdeckt sie dann den Blick auf den Himmel. Ungewohnt nahe sind die Sterne hier, und nah kommt man auch der Stille. Wie groß ist der Licht-und-Lärm-Müll der reichen Welt. Ich liege unter dem Moskitonetz auf einem harten Bett mit dem Blick zum Fenster. Ein stilles Versinken in die Wärme, die ich gefürchtet hatte, die aber, da sie eine trockene ist, nachts den Körper so angenehm umfängt.

Angst? Danach hat man mich immer wieder gefragt. Nein, keine. Angst hätte hier angesichts des Elends auch etwas Lächerliches. Nur einmal geht mir durch den Kopf, dass einer der Wächter mich durch das Fenster beim Schlaf beobachten könnte. Diese Wächter sind alte Männer, und sie sitzen am Eingang hinter dem Eisentor. Will man in den kleinen ummauerten Campus hinein, muss man klopfen. Wartet man ein wenig vor dem Tor, hört man das leise Reden der Alten. In dem Eisentor ist ein kleines, von einer Eisenplatte verdecktes Guckloch. Klopft man, wird das

Guckloch geöffnet, man wird, obwohl es sonst keine Weißen gibt, genau betrachtet, erst dann wird das Tor geöffnet. Bei einem ernsthaften Überfall wären diese Männer, bewaffnet mit geschnitzten Knüppeln, sicherlich kein Schutz. Und auch das geht einem durch den Kopf, ein wenig kokett, ein wenig argwöhnisch, wie viel Lösegeld die Bundesrepublik bereit wäre zu zahlen, käme es denn zu einer Entführung.

Am nächsten Morgen findet förmlich die Einweisung durch die Offiziellen des Tschad statt, die für *UNHCR* das Lager und die Versorgung leiten. Funktionäre, die Zahlen nennen, die von Herkunft reden, auch davon, dass vor Monaten die Lebensmittelzuteilung der *PAM* dramatisch gekürzt worden sei, ebenso die Zuteilung des Holzes, das für das Kochen notwendig ist. Durchaus sachlich, auch kenntnisreich wird das alles vorgetragen. Ein Capitaine ist für die militärische Sicherheit zuständig und schildert die prekäre Situation in diesem Grenzgebiet zum Sudan. 2003 war im Sudan der Bürgerkrieg zwischen schwarzafrikanischen und arabischen Völkern ausgebrochen, es war – und ist – ein Konflikt, der neben den ethnischen und religiösen auch wirtschaftliche Gründe hat. Es ging um den Besitz von Weide- und Ackerland. Die Folge waren *ethnische Säuberungen,* Mord und Vertreibung. Nach Schätzungen des *UN-Flüchtlingshilfswerks* wurden 300 000 oder 400 000 Menschen ermordet. Allein diese aberwitzige Differenz von

100 000 Menschen bei der Schätzung der Opferzahlen verweist auf das Ausmaß und die räumliche Ferne dieser Katastrophe.

Von denen, die sich über die Grenze zum Tschad retten konnten, leben 49 000 Menschen im Lager von Breidjing. Insgesamt sollen 397 000 Flüchtlinge der Masalit und der Fur in den Tschad geflohen sein. Sie wurden in diesem armen Land aufgenommen, und natürlich denkt man sogleich an die Diskussionen zu Hause, in Deutschland, wo sich Gemeinden streiten, ob sie siebzig oder achtzig Flüchtlinge aufnehmen sollen. Wo Anwohner demonstrieren, wenn in ihrer Nähe eine alte Schule zu einem Flüchtlingsheim umgewandelt werden soll.

Der Capitaine berichtet von der unsicheren Lage in diesem Gebiet. Entlassene Soldaten haben Banden gebildet. Sie kommen aus den nahe gelegenen Bergen. Die Vermutung ist sicherlich nicht falsch, dass die Armee des Tschad die Grenze zum Sudan nicht ausreichend sichern kann und wohl auch sudanesische Banden eindringen. Zwar ist das Lager in Breidjing geschützt, aber in dem offenen Land werden insbesondere Frauen, die nach Nahrung suchen oder Brennholz sammeln, immer wieder überfallen, vergewaltigt und verschleppt.

4.

Das Flüchtlingslager liegt nur wenige Kilometer von der Verwaltungsstation entfernt. Die Sonne, die Wärme, der blaue Himmel sind für mich, den Nordländer, immer wie eine Bestechung, die mir die Armut in den südlichen Ländern nie als so drückend erscheinen lässt. Dieser erste freundliche Eindruck wird noch verstärkt durch die das Lager in Sektionen einteilenden terrakottafarbenen Mauern. Sie sind aus luftgetrockneten Ziegeln errichtet. An und in diese Mauern eingelagert die kleinen Behausungen, abgedeckt mit Stroh oder Plastikbahnen. Dazwischen, grau und blau, von der *UNO* gelieferte Planen. Vor den meisten dieser Hütten ist eine kleine, vielleicht vier, allenfalls sechs Quadratmeter große freie Fläche, hin und wieder mit einem Busch oder Baum bestanden. Schmale Gassen teilen die einzelnen Blöcke. Die Mauern, fast mannshoch, verlaufen nicht gerade, sondern leicht gewunden, wie über den Daumen gepeilt, und sind dem leicht gewellten Boden angepasst. Auch das ist wichtig: Die Flüchtlinge haben die Behausungen wie auch die langen Mauern selbst errichtet. Kein Wellblech, keine Bretter, sondern Lehm, Äste, Stroh. Natürliches, in der Umgebung gefundenes Material. Dieses Flüchtlingslager sieht, das muss gesagt sein, freundlicher aus als viele der Favelas in Brasilien oder Kolumbien. Und zu diesem freundlichen Eindruck tragen auch die vielen bunten Baumwollschleier bei, die von den Frauen getragen werden. Teilweise sind sie mit realistischen Motiven bedruckt: Einer dieser großen Schals zeigt die Banknoten verschiedener Länder, ein anderer stilisierte Pelikane, besonders auffallend einer mit großen grünen Fröschen.

Der Fremde kann sich frei bewegen. Viele Kinder folgen ihm zwar neugierig, aber bedrängen ihn nicht. Einige streichen mir wie verstohlen und zufällig über die Hand, über die Haut. Kleine Kinder weichen hin und wieder erschreckt zurück, verstecken sich hinter den Müttern. Weiße sind hier offensichtlich sehr seltene Gäste, dieser hier wird freundlich aufgenommen, nicht angebettelt. Die Flüchtlinge sprechen Arabisch und Masalit, einige beherrschen etwas Englisch, sie haben es aus dem Sudan in den frankophonen Tschad mitgebracht. Zwei Übersetzer begleiten uns.

Ein großer Mann, gekleidet in ein einfaches weißes Gewand, auf dem Kopf eine weiße Kappe, ist der Sprecher von Block 5. Er empfängt uns mit einer würdevollen Höflichkeit und bittet uns in die kleine offene Versammlungshalle. Vier roh behauene Pfosten tragen in ihren gewachsenen Gabelungen das flache mit Stroh gedeckte Dach. Es ist die denkbar einfachste Form aller späteren Hallen. Auf meine Bitte hin schreibt der Chef mir seinen Namen in arabischer Schrift in mein Notizbuch. Ein Übersetzer liest es vor: Suleyman Ah-ar. Mit einer Handbewegung bittet

Suleyman uns auf einem Teppich am Boden Platz zu nehmen. Eine Frau bringt einen Teller mit Nudeln. Bei den reduzierten Lebensmittelzuteilungen ist es eine wahrhaft großzügige Geste. Die Frauen setzen sich etwas abseits auf den staubigen Boden.

Auf die Frage, seit wie vielen Jahren er hier im Lager lebt, erzählt Suleymann ruhig und gefasst seine Geschichte, die er mit den meisten anderen im Lager teilt. Vor zehn Jahren waren sie nachts aus dem Dorf geflohen, als die islamistischen *Djandjawids,* die *Reiter des Teufels,* erschienen. Hütten und Häuser wurden angezündet, Frauen vergewaltigt, Männer und auch Kinder getötet. Er ist mit Frau und Kind davongelaufen, hat sich versteckt und ist nachts zu Fuß weitergeflohen. Nach einem langen Marsch sind sie über die Grenze in den Tschad gekommen. Sie hatten das Glück, in der Nähe der Grenze zu wohnen. Andere waren dem Morden ausgeliefert. Mit ihm sind viele aus seinem Dorf geflohen.

Und warum wurden sie vertrieben, wie all die anderen Flüchtlinge hier? Sie alle sind doch auch Moslem?

Wegen des Viehs, sagt er, wegen des Lands.

Hier angelangt, wurde ihnen 2003 zumindest eine vorläufige Bleibe zugewiesen. Die Ernährung wurde durch das *World Food Programme* gesichert. Suleymann Ah-ar war einmal Herr über eine große Herde von Rindern und Schafen. Auf meine Frage, wie viele es gewesen waren, sagt er nur: Viele. In seiner ruhigen aufrechten Haltung drückt sich der Stolz des einmal Besitzenden aus, auch wenn von der großen Herde nur zwei Schafe geblieben sind, die jetzt auf der kleinen staubigen Fläche vor der Hütte stehen. Er war schon in der alten Ortschaft der zweite Chef. Zu seinem Stolz gehört, dass er nicht über das Schicksal jammert, sondern ruhig, fast sachlich erzählt. Ein Gesicht, das von Trauer geprägt ist. Ich darf einen Blick in seine kleine, vielleicht sechs Quadratmeter große Hütte werfen. Am Boden eine Matratze, ein Plastikstuhl, ein verblichener ausgefranster Teppich. Ein paar Habseligkeiten. Elektrizität gibt es nicht. Fließendes Wasser auch nicht. Man kann sich zu bestimmten Stunden Trinkwasser holen. Die Wasserversorgung organisiert eine der *Nichtstaatlichen Organisationen.* Das Trinkwasser wird in großen Tanks gespeichert, und an verschiedenen Stellen stehen chromblitzende Wasserhähne in einer Höhe, dass auch Kinder sie öffnen können.

Befragt, welche Probleme es im Augenblick gebe, sagt Suleyman Ah-ar: Die Rationierung der Holz- und Lebensmittellieferungen. Von 12,5 Kilogramm auf vier Kilogramm pro Kopf und pro Monat. Die Reduktion der Lebensmittel hängt, man ahnt es, mit der Situation in Syrien zusammen, wo Millionen auf der Flucht sind. Aber das kann für diese Menschen in ihrer Not kein Argument sein, dass andere Menschen ebenfalls in Not sind. Die unmittelbaren Folgen dieser Rationierung sind, sagt Suleyman, Diebstahl von Lebensmitteln und Gewalt. Eine Gewalt, die zwischen den Menschen, die hier auf so engem Raum zusammenleben, nun plötzlich ausbricht und sich besonders gegen die Frauen richtet. In dem Lager gibt es keine Polizei, keine Gerichtsbarkeit. Kriminalität gebe es in dem Lager sonst nicht. Es gibt auch sonst nichts zu stehlen.

Die Probleme der Gewalt zwischen Mann und Frau, zwischen Nachbarn werden innerhalb der Kommune besprochen und auch gelöst. Aber diese neue Gewalt ist nicht durch Gespräche und Vermittlung zu lösen, wenn die Ursachen im Hunger liegen. Frauen sind die Hauptleidtragenden in diesem Lager, sie, die Schwächeren, sind den körperlichen Übergriffen ausgeliefert und zugleich, wie man beobachten kann, diejenigen, die den Alltag strukturieren, die eine prekäre soziale Ordnung aufrechterhalten. Man sieht sie geschäftig arbeiten. Kochen, vor allem bei dem Herbeischaffen von Holz, Wasser, Essbarem, das sie in der kargen Landschaft sammeln. Während unseres Aufenthalts stirbt eine Frau, die Zwillinge erwartete. Bei ihr hätte ein Kaiserschnitt gemacht werden müssen. Der aber kann in der Krankenstation nicht ausgeführt werden. Es gibt keinen Chirurgen und keinen Operationsraum. Die Frau stirbt auf dem Transport in das Krankenhaus in Abéché, das fünf quälende Stunden entfernt liegt. Empörend ist das vermeidbare Leid

Suleymans Wunsch? Er möchte zurück in sein Dorf. Und die Rationen sollten wieder erhöht werden. Eine junge Frau in Weiß hat sich zu uns gesetzt. Sie ist dreiunddreißig Jahre alt, spricht Französisch, hat acht Kinder und war von einer der Hilfsorganisationen für vierzehn Tage nach Europa, nach Holland eingeladen worden. Vierzehn Tage im Paradies, wo man alles kaufen kann. Das Wasser aus der Leitung kommt. Und der ewige Regen? Aber der bringt Wasser. Und das Land ist grün und fruchtbar. Dass das Paradies nicht das Paradies ist, wissen die dort Lebenden. Aber für die Menschen hier ist es genau das.

Viele Kinder folgen den Gästen aus dem Norden, neugierig und flüsternd. Schenkt man ihnen eine Kleinigkeit? Das Für und Wider. Unsere Produktionsleiterin, die alles organisiert auch noch aus dem Französischen übersetzen muss, Anne, ist dagegen. Ich denke an die Zeit, als der Zweite Weltkrieg zu Ende war, die Stadt war zerstört, Trümmer, Hunger und Kälte und Krankheiten. Die Kaugummis der Amerikaner, die Schokolade, die Kekse, die uns von den GIs geschenkt wurden, waren wie ein Versprechen auf eine andere, reichere, freundliche Welt. Die Engländer schenkten nichts. Wer weiß, vielleicht findet die Hinwendung zu Amerika, zu den Jeans, den Filmen, der Musik, worüber sich die Erwachsenen damals empörten, ihren ersten Grund in diesen Geschenken und dem Geschmack von Kaugummi und Schokolade. Unsere

Wünsche und Ängste reichen tief in die Kindheit hinab. Wie auch die Erinnerung an die Flüchtlinge aus dem Osten, die aus Pommern und Ostpreußen kamen und nach Hamburg geflohen waren. Sie hausten in fensterlosen Nissenhütten am Isebek-Ufer. In einer dieser Hütten waren bis zu vierzig Menschen untergebracht. Auch das ist ein Erinnerungsbild, Frauen, die vor den dampfenden Wannen stehen und Wäsche waschen, Kohlen sammeln, Holz hacken. Es fehlten die Männer. Die waren tot oder in Gefangenschaft. Und die wenigen, die es noch gab, waren alt oder invalid. Die Zeit der an Krücken Gehenden, der Männer mit den umgeschlagenen Jackenärmeln. Und das Mädchen und der Junge, die im Winter barfuß in die Schule kamen, bis ihnen ein paar Schuhe geschenkt wurden. Willkommen waren die Flüchtlinge, obwohl sie deutsch sprachen und dieselbe Hautfarbe hatten, nicht.

Ich versuche den Menschen zu sagen, diese Flucht ist nicht so neu, sieben Millionen Menschen waren von den Ostgebieten in den Westen geflohen. Das ist kein Trost, könnte aber den Blick freigeben auf die Möglichkeit zu handeln. Tätig zu werden. Der Entschluss, in der neuen Umgebung sein Leben zu planen, etwas zu beginnen. In der Fremde heimisch zu werden. Das *UN-Hochkommissariat* für Flüchtlinge, das im fernen Genf angesiedelt ist, versucht jetzt, nach zehn Jahren, eine Lösung für dieses Lager zu finden, in dem die Flüchtlinge wie in einem Limbus leben, nicht mehr dort, woher sie kamen, und nicht da, wo sie sind. Es wäre der Versuch, die Flüchtlinge, die man bislang im Abseits alimentiert hat, zur Integration zu bewegen. Darum wurde der sudanesische Lehrplan auf den des Tschad umgestellt.

Der daraus entstandene Konflikt wird sichtbar bei dem Besuch der Schule. Einfache Bauten, aus getrockneten Lehmziegeln errichtet. 1500 Schüler werden von fünfzehn Lehrerinnen und Lehrern unterrichtet. Die Schulräume sind leer, keine Bank, kein Tisch. Eine Tafel, mit Kreide beschrieben, lehnt an der Wand, arabische Schriftzeichen und Zahlen, und sogleich fällt einem ein, unsere Zahlen kommen aus dem Arabischen. Draußen im Schatten einer Akazie sitzen vier Lehrer, zwei Frauen, zwei Männer. Der große freie Platz vor der Schule ist leer. Keine Kinder sind zu sehen. Ein Schulstreik.

Wir erfahren, die Flüchtlinge schicken ihre Kinder nicht zur Schule. Sie weigern sich, die Kinder nach dem neuen Lehrplan des Tschad unterrichten zu lassen. Dabei kann der Unterschied allenfalls die Geschichte des Landes betreffen. Und in höheren Klassen das Erlernen des Französischen.

Die Flüchtlinge haben Angst, ihre Identität zu verlieren. Die wiederum ist an die Hoffnung gebunden, in die alte Heimat zurückkehren zu können. Wünscht auch der Tschad eine Rückkehr der Flüchtlinge? Die offizielle Antwort ist Ja. Aber ich bin mir nicht so sicher. Man hat eher den Eindruck, dass dieses von der *UNO* unterstützte Lager für die Region auch eine Art Entwicklungshilfe ist. Viele Jobs sind damit verbunden: Fahrer, Wächter, Monteure, Angestellte.

Gegen eine Rückkehr spricht die historische Erfahrung: Dort, wo sie waren, leben inzwischen andere, die wiederum vertrieben werden müssten. Eine lange Geschichte der Vereine aus Ostpreußen und Schlesien, all die Gesang- und Volkstanzgruppen, in denen in Deutschland über Jahrzehnte die Hoffnung auf Rückkehr gepflegt wurde, haben mit dem Sterben der Generation der Vertriebenen ihre Bedeutung verloren. Auch hier ist eine Rückkehr nicht mehr möglich. Es ginge darum, den Entschluss von der vorläufigen alimentierten Bleibe zur selbstständig bestimmten und für den Unterhalt selbst sorgenden Gemeinschaft zu finden. Wenn der Eindruck nicht trügt, fehlt es aber unter den Flüchtlingen an einer politischen Führung, die diese Integration vermitteln kann. Der Wunsch der alten Menschen ist die Rückkehr. Und der Wunsch der jungen? Sie wollen aus dem Lager. Wollen eine Zukunft haben. Wenn es zurück in den Sudan ginge, gut, aber besser wäre Europa. Deutschland oder Holland.

Ein junger Mann spricht mich an zwei Tagen gleich dreimal in einem guten Englisch an, einmal auf dem kleinen Markt, zweimal vor dem Lager. Ob ich ihm eine Erlaubnis für die Einreise nach Deutschland verschaffen könne? Das wäre der Weg aus der Armut und Hoffnungslosigkeit. Denn irgendeine qualifizierte Arbeit findet sich hier nicht. Ernährt zu werden ist in seinem Alter, das ich um die dreißig schätze, keine Option, weder für seinen Stolz noch für die Neugierde noch für seinen Ehrgeiz. Und so, wie der Mann aussieht, so, wie er mir begegnet, mit dieser freundlichen Hartnäckigkeit, wird er sich bald auf den Weg machen. Und niemand kann es ihm verdenken.

5.

Auf der Rückreise nach N'Djamena, nicht im Auto, sondern, ein Glücksfall, in einer kleinen Propellermaschine des *World Food Programme.* Aus der tief fliegenden Maschine kann man in dem harten Licht unter sich das Land sehen, karg, gelbbraun, manchmal kleine grünbraune Einschübe an den Adern der trockenen Flussläufe, hin und wieder kleine Dörfer. Dort herrscht noch das ruhige Gleichmaß, nach dem sich die Vertriebenen zurücksehnen, das Vertraute, die Arbeit, ein Auskommen, kein Krieg.

Um Mitternacht geht der Flug nach Paris. Im Transitraum des Flughafens von N'Djamena sind viele Männer, die nicht wie Diplomaten oder Mitarbeiter der *UNO* oder der *NGOs* aussehen, Engländer, Amerikaner, die ihr Bier aus Flaschen trinken und laut grölen. Ein Niederländer sagt: Das sind Arbeiter, die von Doba kommen, wo Erdöl gefunden und gefördert wird. Die Erdölarbeiter verschwinden in der Businessclass. Die Einnahmen aus der Erdölförderung sollten nach einer Vereinbarung mit der Weltbank zu 80 Prozent in soziale Projekte und in die Infrastruktur investiert werden. 10 Prozent sollten für künftige Generationen festgelegt werden. Diese 10 Prozent wurden nach einem Parlamentsbeschluss zur Aufstockung der Beamtengehälter verwendet. Und auf Grund der Korruption, diesem Erzübel Afrikas, haben die anderen, doch ganz erheblichen Mittel auch nicht die Armen erreicht.

Die verbleibenden Gewinne werden von den Erdölfirmen abgeschöpft und nicht im Land reinvestiert. Sie fließen der reichen Ersten Welt zu. Jeder weiß es. Auch die Politiker. Aber es gibt kein Konzept einer Afrikapolitik, die dieser Ungleichheit entgegenwirken könnte. So wird sie von denen beantwortet, die nicht mit mir im Flugzeug sitzen, sondern von hier aus weit unten nach Norden wandern, zu Fuß, in klapprigen Bussen und auf lecken Booten. Das Mittelmeer wird nicht, wie Papst Franziskus in Straßburg vor dem Europaparlament sagte, zum Friedhof: Es ist schon ein Friedhof. Schätzungen zufolge sind in den letzten Jahren zehntausend Menschen ertrunken. Und der Papst? Auch er nimmt im Vatikan keine Flüchtlinge auf.

Die Flüchtlinge machen Politik. Sie erzwingen ein Umdenken, das aus dem politischen Gerechtigkeitssinn nicht erwachsen will. Das wäre der Gedanke, teilen zu wollen, teilen zu müssen. In Deutschland läuft 2019 der Solidaritätszuschlag für die ehemaligen Länder der DDR aus. Wäre es denkbar, die Solidarität wörtlich zu nehmen und die Summe, im Jahr 2012 immerhin 13,62 Milliarden Euro, nach Afrika zu lenken? Demokratisch kontrolliert hier wie dort, damit sich nicht korrupte Eliten oder aufgeblähte Bürokratien bereichern.

Utopisch?

Und konkret?

Am letzten Abend in Breidjing kam eine Frau in unser Camp, sichtlich eine Europäerin. Frau Prinz aus Berlin. Eine Frau, die seit fünf Jahren hier allein am Ende der Welt lebt. Eine Linguistin, die an der Verschriftlichung des Masalit arbeitet. Das ist die Sprache der geschundenen, vertriebenen, jetzt in dem Lager lebenden gleichnamigen Ethnie. Ungefähr 400 000 Menschen, also eine kleine Gruppe, sprechen diese Sprache. Diese Frau hat in den vergangenen fünf Jahren Wörter gesammelt und eine Grammatik erarbeitet. Jetzt liegt das erste Buch vor, eine Sprachlehre, in lateinischer, nicht in arabischer Schrift. Das war eine Entscheidung der Masalit. Der Stolz dieser verfolgten Menschen und jetzt so bedrängt Lebenden über dieses Buch ihrer Sprache, das man *buchstäblich* in die

Hand nehmen kann, sei groß, sagt Frau Prinz. Gefeiert wird das Staunenswerte, sich in der Muttersprache nun auch schriftlich verständigen zu können. Erfahrungen aufzuschreiben, nachzulesen. Also auch die Gedichte, die bislang nur mündlich vorgetragen werden, aufzuheben. Es wäre ein Blick in den Spiegel der Sprache und eine Gedächtnistruhe.

Eine andere Frau unter so vielen auffallend starken Frauen muss noch genannt werden. Sie betreibt auf dem kleinen Markt in Breidjing eine – wie soll man sagen? – Imbissbude. Neben einer alten mächtigen Akazie hat sie eine kleine Bude, die Wände aus Planen, ein Strohdach, drei, vier winzige Hocker. Eine Blechkiste als Tisch. In den Erdboden eingelassen ist ein großer Tonkrug, in dem ein Feuer glimmt. Auf dem Krug steht eine verbeulte alte Blechkanne. Darin wird das Wasser erhitzt, mit dem sie den Kaffee macht und den Tee, beides mit viel Zucker. Eine Wasserschüssel, in der sie die Gläser abwäscht, dann auf einen alten hölzernen Fensterrahmen mit einem Fliegengitter stellt. So können die Gläser abtropfen. Der Kaffee ist stark und gnadenlos süß. Und dieser Tee, den sie selbst entwickelt hat aus Gewürzen und Kräutern, hat einen nie genossenen Geschmack, einen einmaligen Duft. Auf Mitte dreißig schätze ich die Frau. Ihre Nase wirkt wie von einem Schlag gebrochen. Energisch hantiert sie in dieser winzigen Bude, erteilt zwei Mädchen Aufträge. Ihre Töchter? Ja. Ich lasse sie durch den Dolmetscher fragen, wie viele Kinder sie habe. Dreizehn. Ob sie schon im Sudan so eine kleine Bar gehabt habe? Sie sagt: Ja, eine Imbissbude, aber eine größere. Nichts Wehleidiges, nichts Unterwürfiges ist an dieser Frau, eine große Entschiedenheit geht von ihr aus, wie sie das Wasser vom Feuer nimmt und nachschenkt. Da ist viel Hoffnung in ihrem Tun. So bin ich, vielleicht glaubt mir niemand, aber Anne ist meine Zeugin, der sudanesischen Frau Brücker begegnet. Meine Leser werden sie wiedererkennen.

Dieser Frau möchte ich, auch wenn sie ihn nicht lesen wird und gar nicht lesen kann, meinen Bericht widmen.

Quellen

Montaignes Turm
In: Die Weisheit baut sich ein Haus. Herausgegeben von Winfried Nerdinger in Zusammenarbeit mit Werner Oechslin, Markus Eisen, Irene Meissner. Architekturmuseum der Technischen Universität München. München 2011.

Grimms Märchen
Vortrag zur Brüder-Grimm-Professur im Juni 2012.
In: Die Brüder Grimm. Die Zeit. ZEIT Geschichte Nr. 04/2012.

Mythos und Erzählen
Überarbeitete Fassung der 3. Poetik-Vorlesung, gehalten an der Universität Bamberg im Sommer 2005.
In: Erinnern, Vergessen Erzählen. Beiträge zum Werk Uwe Timms. Herausgegeben von Friedhelm Marx und Julia Schöll. Göttingen 2007.

Lob der deutschen Sprache
Eröffnungsvortrag der XIV. Internationalen Deutschlehrertagung an der Friedrich-Schiller-Universität Jena 2009.
In: Deutsch bewegt. Entwicklungen in der Auslandsgermanistik und Deutsch als Fremd- und Zweitsprache. Herausgeber: Hans Barowski, Silvia Demming, Hermann Funk, Ulrike Wurz. Hohengeren 2011.

Seine Zeit in Sprache gefasst
In: Schwule Nachbarn. Anthologie. Herausgegeben von Detlef Grumbach. Hamburg 1997.

Kunst und Handwerk
Rede zur Verleihung des Heinrich-Böll-Preises 2009.
In: Text und Kritik. München 2012.

Den Zauberberg neu lesen
Vortrag auf einer Veranstaltung der »Zauberberg-Stiftung« an der Universität Augsburg 1999.
Erschienen im Verlag der Buchhandlung Klaus Bittner, Köln 2012.

Kann man das Schreiben lernen?
In: Die Zeit, Nr. 20, 10. Mai 2012

Kafkas Reisepass
Vortrag anlässlich der 200. Jahresfeier Argentiniens und anderer lateinamerikanischer Länder. Colloquio international »Identitdad, (in)dependencia y crisis«. Universidad National des San Martin und Goethe-Institut. Buenos Aires 2010.

Reise an das Ende der Welt
Bericht über eine von ARTE und dem UNHCR (Flüchtlingshilfswerk der Vereinten Nationen) organisierte Reise in das Flüchtlingslager Darfur im Tschad im Oktober 2014.

Inhaltsverzeichnis

MIX
Papier aus verantwortungsvollen Quellen
FSC® C006701

Verlag Kiepenheuer & Witsch, FSC® N001512

1. Auflage 2015

Umschlaggestaltung: Rudolf Linn, Köln
Umschlagmotiv: © Pit Kroke
Autorenfoto: © Gunter Glücklich – www.guntergluecklich.com
Gesetzt aus der Monotype Garamond
Satz: Buch-Werkstatt GmbH, Bad Aibling
Druck und Bindung: CPI books GmbH, Leck
ISBN 978-3-462-04743-1

Weitere Titel von Uwe Timm bei Kiepenheuer & Witsch

Vogelweide. Roman. Gebunden. Verfügbar auch als eBook

Morenga. Roman. Gebunden. Verfügbar auch als eBook

Freitisch. Novelle. Gebunden. Verfügbar auch als eBook

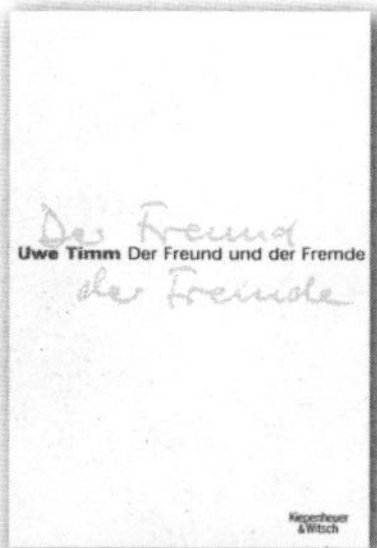

Der Freund und der Fremde. Gebunden. Verfügbar auch als eBook

Am Beispiel meines Bruders. Gebunden. Verfügbar auch als eBook

Heißer Sommer. Roman. Gebunden. Verfügbar auch als eBook

Leseproben und mehr unter www.kiwi-verlag.de

Kiepenheuer & Witsch

Rot. Roman. Gebunden. Verfügbar auch als eBook

Vom Anfang und Ende. Über die Lesbarkeit der Welt. Gebunden. Verfügbar auch als eBook

Am Beispiel eines Lebens. Gebunden

Der Schlangenbaum. Roman. Gebunden. Verfügbar auch als eBook

Halbschatten. Roman. Gebunden. Verfügbar auch als eBook

Der Mann auf dem Hochrad. Gebunden. Verfügbar auch als eBook